ECONOMIA E FINANZA: LE BASI

Sommario

CAPITOLO I
Economia E Finanza

Economia è un termine che deriva dal greco antico (*oikos*=casa *nemo*=organizzare e distribuire), e significa "gestione familiare".

Oggi indica quell'area in cui hanno luogo la produzione, la distribuzione e il commercio, così come il consumo, di beni e servizi.

Tutto ciò, quindi, che riguarda e ruota intorno alla società e alla sua organizzazione, come vendita, acquisto, distribuzione e produzione di beni e servizi, viene, perciò, detta *economia*.

L'economia, durante tutto il corso della storia, non ha mai cessato di evolversi in direzione crescente, e di sempre maggiore complessità analitica, rendendosi man mano più prossima al metodo delle scienze, come la fisica e la biologia, fino a diventare economia politica e allontanandosi, poi di nuovo, a sua volta, in alcuni casi, anche da altre scienze sociali.

Prima della nascita della cosiddetta economia "classica", nessuno era in grado di separare le decisioni economiche da quelle politiche.

Si deve giungere al pensiero di Adam Smith, affinché si cominci ad interrogarsi e si provi poi a conciliare l'idea che gli interessi fra le due parti di una transazione economica possano convergere, dove quindi l'interesse individuale possa anche andare a coincidere con l'interesse generale.

La dinamica economica può avere luogo tra singoli individui, tra aziende, società di affari, organizzazioni e anche governi.

Dati gli accordi sui prezzi e il valore di merci e servizi, le parti scambiano e commerciano.

L'attività economica richiede così risorse, che possono essere quelle naturali, come il petrolio o il gas, ma anche ogni altra materia prima necessaria a produrre un determinato bene; richiede forza lavoro, ovvero persone che dedicano il loro tempo alla produzione di quel bene o servizio, e il capitale, affinché tutto ciò sia reso possibile e attuabile.

Durante il corso della storia il rapporto tra le costanti risorse-lavoro-capitale, con lo sviluppo della tecnologia, è spesso andato mutando. Sono cambiate le risorse, ad esempio durante la prima rivoluzione industriale, che avviene sul finire del XVIII secolo fino a tutta la seconda nel XIX secolo, in cui è stato il carbone il motore che ha permesso alle fabbriche di nascere e produrre, ai treni e alle imbarcazioni di viaggiare lontano e di spostare le merci. Con l'introduzione di una nuova risorsa naturale come il petrolio, e l'avvento del XX secolo, anche gli aspetti economici e i rapporti di mercato, sociali e industriali, sono perciò rapidamente mutati.

Nel corso della storia dell'uomo, il passaggio da una materia energetica all'altra è sempre stato accompagnato da un massiccio impiego tecnologico, tecnologia che è divenuta sempre più complessa. Lo sviluppo economico ha rappresentato anche lo sviluppo delle tecniche di sfruttamento, sempre più intensive, spesso a danno dell'ambiente, e il contesto energetico è diventato così complesso con il crescere esponenziale della popolazione e dei suoi bisogni.

Dal legno, come base energetica, siamo passati, come detto, all'utilizzo del carbone, dall'ascia per tagliare gli alberi, alle macchine a vapore per l'estrazione, poi per il trasporto e per il drenaggio dell'acqua nelle profondità, fino al petrolio, che ancora oggi utilizziamo in larga scala e l'energia nucleare.

Più le tecnologie diventano complesse, più aumentano gli scambi, più si richiede energia.

Resta innegabile che questo progresso abbia permesso agli uomini sulla terra di uscire fuori dalle condizioni di schiavitù totale.

Resta, ancora oggi, un tema di dibattito inerente a tutte quelle leggi dell'economia che riguardano le teorie del profitto e le varie interpretazioni sulla società capitalistica, il diritto di proprietà vige in un panorama globale, dove ancora molti sono i nullatenenti o i paesi sfruttati a loro scapito e a vantaggio soltanto di altri.

Perciò, attuali più che mai si ripropongono le categorie dei fattori sociali legati all'economia.

La merce ha la capacità di crescere a dismisura, ma non le condizioni economiche dell'individuo all'interno della società.

Sono i rapporti sociali, infatti, che intercorrono tra produzione, forze produttive e le condizioni di scambio, a generare spesso disagi e malcontento tra la popolazione.

Vige il regime di libera concorrenza, e questo sistema ha permesso di progredire, da una parte e dall'altra, e di mostrare la differenza tra un Paese più avanzato e uno meno avanzato, da uno con più risorse ad uno con meno risorse, da uno più tecnologico ad uno meno tecnologico.

Il valore economico del territorio è un aspetto molto importante per comprendere gli scenari economici nella loro totalità, soprattutto nel mondo globalizzato. In passato, nelle economie preindustriali, l'economia e il suo mercato tendevano sostanzialmente a soddisfare I bisogni in loco attraverso la produzione di beni con lo sfruttamento di materie locali. Non si badava agli indici di borsa delle materie prime, non ci si poneva il problema dell'impiego di più o meno forza lavoro. Così né la materia prima, né la forza lavoro erano considerati beni destinati alla compravendita, ma erano solo ed unicamente imprescindibili ed indispensabili agli abitanti di quel determinato territorio.

L'accumulo poi di danaro, con la possibilità di poter vendere e acquistare merci da luoghi differenti, ha così introdotto il concetto di capitale, che dal quel momento comincia ad essere investito. Compariranno così le prime banche e i primi strumenti finanziari.

Le trasformazioni sono innegabili e non si possono arrestare, la società resta in perpetuo movimento come la sua economia, e tende a mutare, così, come i suoi relativi rapporti.

Oggi, infine, assistiamo, proprio in questa epoca del XXI secolo, ad un ulteriore passaggio, da una tecnologia all'altra, data la transizione verso l'intelligenza artificiale più diffusa, e da una materia prima all'altra, come il petrolio e il gas verso altre risorse, come le rinnovabili.

L'economia di mercato sussiste quando un bene o un servizio viene prodotto e scambiato in accordo con quelle che sono la domanda e l'offerta di quello specifico bene o servizio. Anche su questo piano, ci rendiamo ben conto che i paradigmi stanno velocemente mutando, per lasciare spazio, certamente, ad una nuova era, una nuova economia, e quindi una nuova gestione dell'aspetto *economico della società.*

All'economia si aggiunge un suo strumento imprescindibile, ovvero la *finanza.*

Si può definire la finanza come lo strumento della "gestione del danaro": in particolare si fa riferimento alle grandi società, alle organizzazioni e ai governi. Questo aspetto riguarda le modalità di acquisto del danaro, ovvero *il capitale*, e del come questo viene speso od investito.

La finanza si può suddividere in tre macrocategorie: la *finanza d'impresa*, la *pianificazione patrimoniale*, e la *finanza pubblica*.

La finanza resta, comunque, la sovrastruttura generale di tutte queste categorie.

Esiste il *mercato finanziario*, che permette il flusso di questo danaro, che viene acquistato, speso e investito, attraverso i suoi ulteriori strumenti da succitate categorie.

L'aspetto finanziario, perciò, poggia sulle circostanze spaziali e temporali, nelle quali avvengono gli investimenti e il dispiego di assetti e titoli che prescindono da una valutazione di mercato e dalla loro collocazione su questo.

Nella *pianificazione patrimoniale*, ad esempio, si provvederà a pianificare la spesa e il risparmio in considerazione ai rischi che potrebbe comportare il futuro. In questo caso, sono coinvolti aspetti come gli investimenti sull'educazione, o sui beni duraturi, come gli immobili, ma anche la salute, le assicurazioni e gli investimenti con il risparmio per le pensioni.

La *finanza di impresa*, invece, ha a che fare con la raccolta di capitale e con la struttura del capitale della stessa impresa. Le azioni finanziare, in questo caso, tenderanno ad accrescere il valore dell'azienda, attraverso l'analisi e l'utilizzo degli strumenti finanziari stessi più particolari, affinché vengano collocate le risorse sul mercato nel modo migliore possibile a questo scopo.

Ci sono due modi per accrescere il capitale, e quindi il valore dell'azienda: quello a breve e a lungo termine. Dati due tipi di capitale, il *capitale proprio o il debito*, la gestione finanziaria provvederà, nel primo caso, a fare cassa nel breve periodo, ad esempio giocando in borsa su un titolo vincente, nel secondo, considerati i rischi e la profittabilità dell'investimento, ad ottimizzare l'entità dei propri assets aziendali, al fine di strutturarla ed eventualmente accrescerla.

La *finanza pubblica* si riferisce, invece, allo Stato, e riguarda la sovranità di questo in relazione al valore dei suoi titoli (titoli di Stato), rispetto al mercato finanziario e ai suoi enti pubblici. Solitamente, poggia su azioni di borsa a lungo termine, mantenendo così una prospettiva strategica. La finanza pubblica si preoccupa di identificare il monte spesa che un settore pubblico determinato richiede per essere valorizzato o protetto. Si adopera, altresì, per individuare le fonti a cui attingere per fare spesa e per creare un budget, in considerazione all'eventuale debito pubblico che lo Stato sovrano potrebbe contrarre o ha già contratto.

CAPITOLO II
Il Danaro

Il denaro è stato il primo mezzo di scambio mai usato dall'uomo fin dai tempi dell'antichità. Prima di questo metodo, si usava il baratto, ovvero lo scambio di merci, ad esempio una pecora per una partita di grano. L'introduzione del danaro diede forte spinta al commercio e facilitò lo scambio di merci che potevano provenire da lontano, come le spezie verso l'Europa, o metalli preziosi che potevano trovarsi in determinati luoghi, ma non in altri.

Inizialmente, le monete erano di materiale metallico, come oro, argento, bronzo, ferro o altre leghe, e potevano anche essere fuse per riprodurre utensili o altro, a seconda del bisogno.

Lo stesso oro era utilizzato al posto delle monete, e poteva lo stesso essere scambiato in monete.

Per arrivare al concetto di convertibilità del danaro, ovvero che a questo fosse affidato un valore intrinseco e più basso del suo valore di scambio (10 monete di ferro per acquistare 5 pecore e 3 partite di grano), dunque un valore che si potrebbe dire simbolico, si deve arrivare a tempi più recenti, fino a giungere a quello che ha caratterizzato le nostre epoche più vicine del XIX e XX secolo, il *gold standard*.

Il gold standard è un sistema monetario che si basa su una quantità fissa in oro, alla quale esso corrisponde. In questa circostanza, per molto tempo, il denaro, la cartamoneta, la moneta o banconota, potevano essere sempre convertiti in oro, fissato il prezzo di convertibilità a monte. Questo prezzo in oro, relativo alla moneta, dipendeva dalla quantità di riserve auree che ogni Paese deteneva.

La prima nazione ad adottare il gold standard fu proprio l'Inghilterra all'inizio del XIX secolo. Dopo la Gran Bretagna ci fu il nuovo impero tedesco. Successivamente, adottano questo sistema, il Belgio, la Svizzera, la Scandinavia, la Danimarca, la Norvegia, la Svezia, i Paesi Bassi, la Francia, la Spagna, L'Austria, l'Italia, la Russia, il Giappone, l'India, e per ultimi furono proprio gli Stati Uniti ad adottarlo, nell'anno 1900.

Il sistema del gold standard è stato vigente fino alla fine degli anni '70 dello scorso XX secolo, fintanto che non crollarono gli accordi conosciuti come accordi di Bretton Woods.

Questi accordi, stipulati nel 1944, definivano quello che viene chiamato *gold exchange standard*, ovvero il cambio valuta, convertibile in base alle riserve auree di ciascuno Stato, che determinava il valore di scambio della valuta di ciascun Paese nel mondo intero, ma all'interno del quale soltanto il dollaro, infine, era convertibile in oro. Questo stabiliva l'accordo di Bretton Woods.

Quando il Bretton Woods decadde, ci si pose il problema di come trovare un sistema di cambio che fosse sostenibile. Come abbiamo fatto notare in precedenza, ogni volta che l'economia e i suoi paradigmi cambiano, come cambiano le fonti di approvvigionamento energetico e le tecnologie, l'economia e il suo mercato fa un salto di qualità, che può anche comportare disequilibrio, come, solitamente, ogni transizione comporta.

Certamente, il sistema Bretton Woods, che ha funzionato dal secondo dopoguerra fino alla fine degli anni '70, e dati i cambi geo-strategici a livello mondiale, con l'avvio della fine della Guerra Fredda, era un sistema per molti considerato asimmetrico. Furono, comunque, le difficoltà dovute alla svalutazione del dollaro e l'inflazione a costringere gli Stati Uniti a porre fine a questo sistema, introducendo il sistema fluttuante dei cambi flessibili.

I cambi flessibili sono quelli che conosciamo noi oggi, è un sistema internazionale che si basa su leggi di mercato. Non sono, quindi, gli Stati sovrani a determinare il prezzo della loro valuta in base alle loro specifiche riserve auree, ma il mercato stesso. Per determinare il valore di ogni valuta estera, basta dare un'occhiata alle principali borse mondiali ogni giorno: varia continuamente e può anche essere oggetto di speculazione.

CAPITOLO III
I Mercati Finanziari

I mercati finanziari sono quei luoghi deputati all'acquisto o alla vendita di diversi strumenti finanziari, quali *azioni, obbligazioni, derivati, quote di fondi.*

Non sono luoghi fisici, ma spesso piattaforme informatiche, in cui avvengono la maggior parte delle transazioni, acquisti e vendite, e relative negoziazioni.

Esiste un mercato detto *primario* e uno detto *secondario.*

Il *mercato primario* è il luogo in cui si acquistano i titoli al momento dell'emissione, il mercato secondario, invece, è il luogo dove si acquistano i titoli da chi li ha già acquistati e sottoscritti.

Al mondo vi sono differenti mercati, ad esempio quelli *regolamentati,* i *sistemi multilaterali di negoziazioni* e i cosiddetti *internalizzatori sistematici.*

Per quanto riguarda i primi, cioè **i mercati regolamentati**, abbiamo, di fronte, dei sistemi di vendita e acquisto di strumenti finanziari a cui partecipano più intermediari che operano per conto proprio o per conto terzi.

A disposizione, oggi, troviamo moltissime informazioni che vengono rese disponibili per i potenziali investitori, e a cui questi attingono per poter operare. Queste informazioni, ad esempio, riguardano gli indici di borsa, quindi la qualità degli emittenti finanziari, la situazione attuale delle società in circolazione, le caratteristiche di vendita, (come e da chi vengono vendute le azioni, o acquistate).

I sistemi multilaterali di negoziazione, pur essendo simili ai *mercati regolamentati,* sono sistemi gestiti da vari soggetti, all'interno dei quali compaiono non soltanto attori come le società di gestione, ma anche le banche e le *sim*, (società di intermediazione immobiliare), e le cui informazioni a riguardo sono meno disponibili. Non sono, infatti, pubblicizzati i maggiori azionisti, e le operazioni non sono soggette al controllo di amministrazioni o sindacati.

Gli **internalizzatori sistematici,** (come le banche), sono, invece, abilitati al servizio di investimento di negoziazione per conto proprio.

In modo organizzato, frequente e sistematico, negoziano gli stessi strumenti finanziari, ovvero le azioni, le obbligazioni, i derivati, o le quote di fondi.

Questa è una negoziazione di tipo bilaterale (e non multilaterale), cioè ad esempio da banca a banca, e l'unico intermediario presente è proprio *l'internalizzatore sistematico.*

Quest'ultimo, essendo l'intermediario, si interpone ad ogni operazione, acquistando dai clienti al prezzo che esso stesso ha stabilito, che poi rivende agli stessi clienti che vorrebbero acquistare.

Anche in questo caso, le informazioni non sono soggette a particolare normativa.

CAPITOLO IV
Le Azioni

Si dicono *azioni* le parti unitarie in cui è diviso il capitale della cosiddetta *società per azioni* (S.p.a.).

Il titolare di un'azione altro non è che un socio dell'azienda, essendo colui che detiene una parte di quella società, con oneri e diritti, come la percezione dei dividendi, (quando distribuiti dalla società), o la possibilità di esprimere il proprio voto nelle assemblee.

Le azioni possono essere anche titoli di credito, ovvero possono essere intesi e utilizzati come merce di scambio o come il danaro, in modo da rendere più facile la loro trasmissione ad altri soggetti.

Le azioni possono essere quotate o non quotate, ovvero possedere un valore in borsa. Quando sono quotate, queste possono essere più facilmente acquistate o vendute ad un prezzo di mercato. Quando non quotate, non essendo indicato dal mercato il loro valore, potrebbero comportare un problema al momento della loro vendita o acquisto.

Le azioni sono gli strumenti attraverso cui le società per azioni s.p.a., finanziano la propria attività.

Nascono direttamente dalla società stessa o dai suoi azionisti e vengono negoziate sul mercato azionario, che, come abbiamo detto in precedenza, si suddivide in regolamentato, multilaterale o di negoziazione e, infine, in internalizzatore sistematico.

CAPITOLO V
Le Obbligazioni

L'obbligazione, in inglese *bond*, è uno strumento di indebitamento, che costituisce anche una sicurezza sul debito stesso. L'obbligazione può riguardare un fondo di una società di investimento o un investimento privato.

L'emittente dell'obbligazione, ovvero colui che colloca il suo strumento di indebitamento, deve ai suoi *holders* (i detentori dell'obbligazione), un debito e, a seconda dei termini contrattuali, è tenuto a restituire questo debito ad un tasso di interesse specifico concordato, entro certi termini di scadenza.

Questo tasso di interesse, può essere fisso o variabile. Spesso l'obbligazione è negoziabile e spesso, questo genere di strumento, può essere trasferito sul mercato secondario.

Quando questo accade, significa che l'obbligazione, una volta emessa, diviene volatile.

L'obbligazione può anche essere intesa come una forma di prestito. In questo caso, il detentore dell'obbligazione, (holder), ovvero colui al quale l'emittente ha ceduto il *bond*, è il creditore, dove l'emittente è il debitore.

Questo è fondamentale per comprendere l'economia e la sua finanza: non avviene mai un'operazione senza credito se non c'è anche debito, e viceversa.

L'obbligazione procura, così, al suo detentore un fondo esterno, inteso come investimento a lungo termine, e nel caso queste emissioni obbligazionarie siano titoli di Stato, ovvero emessi da uno Stato sovrano, l'holder può così finanziare la sua spesa corrente, utilizzando questo strumento di debito.

Le obbligazioni non sono da confondersi con I detti *stocks,* ovvero il totale delle azioni che compone il capitale di un'azienda, cioè i suoi *shares.* Nel secondo caso, ovvero nel caso dello *stockholder,* costui detiene una parte di capitale proprio, mentre nel caso egli sia, invece, un *bondholder (quindi detentore dell'emissione obbligazionaria),* il suddetto andrà a detenere una parte di credito e non di equity.

Questo meccanismo comporta la priorità di un bondholder rispetto ad uno stockholder, poiché il detentore dell'obbligazione potrà essere pagato in anticipo, anche se rischia il default, in caso negativo di insolvenza da parte del debitore, con la bancarotta.

L'obbligazione, dunque, oltre a rendere dall'interesse, è composto dal guadagno di capitale, insieme al conto di capitale, cioè quando si ha titolo ad acquistare ad un prezzo più vantaggioso sul mercato, quindi minore rispetto a quello a cui è venduto, o rimborsato. In caso contrario, si verificherà, dunque, una perdita di conto capitale.

CAPITOLO VI
I Tipi Di Obbligazioni

Le obbligazioni si suddividono, anche esse, in macrocategorie: ci sono le obbligazioni ordinarie e quelle strutturate, e le obbligazioni ordinarie possono essere, a loro volta, suddivise tra quelle a tasso fisso e a tasso variabile.

Le obbligazioni a tasso fisso generano all'investitore degli interessi in misura predeterminata e in modo permanente per tutto l'arco contrattuale.

Le obbligazioni a tasso variabile, per cui gli interessi generati dalle condizioni di rimborso non sono predeterminati, ma variabili, in relazione ai tassi di mercato, restano spesso anche più sicure, poiché i rendimenti restano in linea con quelli di mercato, e quindi gestibili e negoziabili.

Le obbligazioni strutturate sono, invece, molto complesse: la loro "struttura" si basa sulla combinazione della cosiddetta componente obbligazionaria ordinaria, la quale può prevedere o meno il pagamento di cedole periodiche, garantendo il loro rimborso sul valore nominale dello stesso titolo.

In questo caso, si evidenzia come la remunerazione dell'investitore andrà in base dall'andamento di uno o più parametri finanziari o reali, come lo sono gli indici borsistici o le loro combinazioni, azioni, fondi comuni, tassi di cambio o materie prime.

L'obbligazione strutturata è un prodotto complesso, non sempre utilizzato, e va conosciuto bene in tutte le sue parti e ci si guarda bene dall'acquistarlo se prima non si è sicuri di aver compreso completamente il loro funzionamento, nei termini di rendimento e rischio che può comportare, e che possono essere alti.

Si deve dire che tutte le obbligazioni comportano però dei rischi, e questi possono essere rischi di interesse.

Il **rischio di interesse** riguarda la possibilità che il suo prezzo possa diminuire a causa dei tassi. Per questo, i titoli a tasso fisso sono più soggetti a rischio di quelli variabili, perché potrebbe diminuire il loro prezzo essendo il loro tasso d'interesse costante e non variabile.

Vi è poi il **rischio di credito, detto anche rischio emittente:** è quello che si riferisce alla possibilità in cui l'emittente sia inadempiente e non rientri, cioè, del suo debito al creditore. Ciò può verificarsi in parte o in tutto, ad esempio, nello specifico, con il non pagamento degli interessi nel primo caso o dell'intero capitale nel secondo caso.

Ricordiamo anche che non tutti gli emittenti hanno la stessa affidabilità.

Come dicevamo anche pocanzi, uno Stato è generalmente più affidabile di un'impresa privata, poiché il fallimento di uno Stato, anche se possibile, è meno probabile di quello di un'impresa.

CAPITOLO VII
Le Obbligazioni Subordinate

Abbiamo visto come non tutte le obbligazioni abbiano il medesimo rischio.

Oltre alle obbligazioni ordinarie e strutturate, a tasso fisso o variabile, esistono anche le **obbligazioni subordinate**, cioè quelle che prevedono il pagamento delle cedole ed il rimborso del capitale.

Nel caso di particolari difficoltà finanziarie dell'emittente, dalle obbligazioni subordinate dipendono le soddisfazione degli altri creditori non subordinate.

Non tutte le obbligazioni offrono lo stesso rendimento, anche se possono presentare la stessa scadenza o essere della stessa tipologia. Per questo, i livelli di subordinazione sono differenti, non ne esiste soltanto uno.

Il rendimento, in questo caso, cresce al ridursi dell'affidabilità dell'emittente.

Sono, perciò, prodotti rischiosi, anche se spesso possono essere molto remunerativi.

Per misurare l'affidabilità di un emittente, esistono quelle che vengono chiamate agenzie di rating, come Moody's o Standard's&Poor, per citarne alcune tra le più importanti al mondo, che assegnano, appunto, un rating, ovvero un giudizio, individuando il relativo rischio di credito su quell'emittente e affidando una sigla AAA, BBB, e così via.

I rischi possono essere differenti e, entrando nel tecnico e nello specifico, possiamo individuare il **rischio di liquidità** e il **rischio di cambio**, ad esempio.

Nel primo caso, nel **rischio liquidità**, andiamo a riferirci alla difficoltà che si incontrano al momento della vendita dell'obbligazione, quando questa vuole essere rapidamente ceduta, rientrando del guadagno senza particolari perdite. A questo proposito, rimandiamo a quanto detto in precedenza per quanto riguarda i titoli non quotati, poiché sono quelli che maggiormente incontrano questo tipo di rischio.

Nel caso del **rischio di cambio,** la difficoltà si incontra quando il titolo denominato è legato alla variabile del tasso di cambio, e quindi lo scambio avviene in rapporto a due tipi di valute differenti, ad esempio dollaro-euro, dollaro-renminbi.

Le obbligazioni possono essere acquistate, come detto. sul mercato primario o sul mercato secondario.

Nel primo caso, significherà che le emissioni vengono per la prima volta proposte al pubblico, nel secondo caso, si acquistano in borsa nel momento in cui tali obbligazioni vengono rimesse sul mercato da chi le aveva precedentemente già acquistate.

Nel secondo caso, ovvero quello del mercato secondario, all'investitore, ovvero il futuro potenziale holder, viene garantito, in caso di necessità, di vendere l'obbligazione prima che i suoi stessi titoli passino a scadenza. Se non esistesse il mercato secondario, l'investitore, ogni volta, prima di vendere i suoi titoli, dovrebbe attendere la loro scadenza.

CAPITOLO VIII
I Fondi Comuni

Si dicono **fondi comuni** quegli strumenti di investimento, che gestiti dalle società di gestione del risparmio, le cosiddette SGR, riuniscono le somme di più risparmiatori e le investono, come fossero un patrimonio unico.

Vengono investiti in attività finanziarie, come azioni, obbligazioni, o titoli di Stato, o solo in alcuni di essi, come in immobili, e il tutto rispettando le regole vigenti e preposte a ridurre i possibili rischi.

I fondi sono suddivisi in tante parti, ovvero le quote, e queste quote vengono sottoscritte dai risparmiatori ai quali, infine, si garantiscono uguali diritti.

Il fondo comune è, dunque, un metodo di investimento, che coinvolge più investitori e che permette di avvantaggiarsi di molte garanzie, come l'acquisto di managers professionali che si occupano di gestire il fondo e che, quindi, possono garantire migliori rendite, oltre ai benefici in scala che si ottengono grazie, in questo caso, alla riduzione dei costi di transazione. In questo modo, aumenta anche la possibilità di diversificazione e anche questa, sistematicamente, riduce il rischio.

Esistono vari tipi di fondi. Vediamoli.

Ci sono I **fondi** detti **aperti**, che consentono di sottoscrivere quote, o chiederne il rimborso, in qualsiasi momento.

Questi fondi investono normalmente in attività finanziarie già quotate.

Oltre ai fondi aperti, esistono I **fondi chiusi**, che consentono di sottoscrivere quote soltanto nel periodo in cui queste vengono offerte e vengono rimborsate, di solito, solo alla scadenza del fondo.

Si affidano ai fondi chiusi gli investimenti poco liquidi e di lungo periodo (immobili, crediti, società non quotate).

I **fondi armonizzati**, fondi aperti di una certa importanza, sono quei fondi che vengono costituiti, ad esempio, all'interno dei paesi dell'Unione Europea. Si investe, prevalentemente, in titoli quotati (azioni, obbligazioni, ecc.). Si chiamano così perché seguono regole e criteri comuni: alla stessa Unione Europea, ad esempio; tutelano gli interessi di tutti i risparmiatori, limitandone i rischi che questi ultimi potrebbero assumersi.

Vi sono inoltre, tra I fondi armonizzati, i **fondi azionari**, che investono prevalentemente in azioni e generalmente rischiosi;

Oltre a questi, esistono i **fondi obbligazionari,** che investono principalmente in titoli di Stato e di minore rischio rispetto a quelli azionari.

Quelli detti **bilanciati**, che investono sia sulle azioni che sui titoli di Stato, diversificando così l'investimento e anche il rischio.

Esistono poi I **fondi monetari,** che investono a breve termine sul mercato.

Non è facile scegliere il fondo sul quale poter investire. Diciamo che può tornare sempre utile leggere il **KIID** (Key Investor Information Document), di norma sempre consegnato, almeno nel nostro Paese, al sottoscrittore.

L'investitore deve poter comprendere molto bene quali siano le attività sulle quali il fondo opera e investe, in che area del mondo, in che settore.

Il profilo di rischio viene sempre indicato con un numero, che può andare dal minimo di 1 al massimo di 7.

Sottoscrivere il fondo ha un costo, e anche essere in grado di poter confrontare i costi che riguardano i rimborsi e le commissioni di gestione e performative del fondo è importante per saper scegliere bene.

Investire in un fondo è certamente un'attività a lungo termine, non a breve termine per l'investitore (che è colui che decide di sottoscriverlo).

Resta, certamente, una delle attività tra le più sicure, grazie alle informazioni che si possono ricevere, ai dettagli, al fine di monitorare meglio l'investimento e fare nuove scelte in corso d'opera.

Importante sarà, infatti, essere a conoscenza dei valori della quota, di solito pubblicati sui principali quotidiani di finanza ogni giorno, o su internet. Sarà responsabilità dell'investitore aggiornarsi sulle modifiche strutturali eventuali del fondo, come un cambio di politica di investimento o dell'identità del gestore, che gli verranno comunicate personalmente dal fondo sottoscritto, oltre ad informarsi sul rendiconto annuale attraverso le relazioni mensili o semestrali che informano sulla situazione patrimoniale e reddituale del fondo stesso.

CAPITOLO IX
I Derivati

Il prodotti **derivati** devono il loro nome dall'andamento del valore di una attività in prospettiva futura, cioè di previsione, ovvero ciò che si evince deriva, dato un evento osservabile oggettivamente.

L'attività o l'evento, che possono essere di qualsiasi natura o genere, costituiscono lo stesso prodotto **derivato** che vi sta sotto.

Questa "entità" sottostante può essere un asset, un indice o il tasso d'interesse, semplicemente spesso chiamato **derivato**.

Questi prodotti sono utilizzati per ridurre il rischio finanziario di un portafoglio preesistente (finalità di copertura o, anche di hedging, altri strumenti che allontanano il potenziale rischio); sono, altresì, utilizzati per assumere esposizioni al rischio, al fine di conseguire un profitto (finalità speculativa), e per conseguire lo stesso profitto privo di rischio, attraverso transazioni combinate sul derivato e sul sottostante, in modo da cogliere eventuali differenze di valorizzazione (detta *finalità di arbitraggio*).

Purtroppo, il derivato presenta un grosso problema, quello relativo alla sua effettiva stima: analizzarlo non è semplice, ma molto difficile.

Il loro valore resta ondivago e dipende dal tasso d'interesse, dall'indice o dall'asset relativo, secondo una specifica relazione matematica, non di immediato calcolo.

Con i derivati, troviamo i contratti a termine, ovvero quei contratti stipulati tra due parti, che possono prevedere la consegna di una parte di quel sottostante derivato, da uno all'altro soggetto sottoscrivente, oltre ad una scadenza.

Tra I contratti a termini troviamo, ad esempio, i **forwards**, e gli **swaps**, che si concludono fuori dai mercati regolamentati, ovvero gli OTC (over te counter).

I **forwards** sono contratti non standardizzati, che vengono stipulati tra due parti in compravendita, secondo termini di tempo prestabiliti e un prezzo concordato sul termine di conclusione dello stesso contratto.

Nel caso di **swap,** invece, avviene che due parti si accordano per scambiarsi i flussi dei pagamenti (flussi di cassa) su date prestabilite.

I pagamenti possono essere espressi nella stessa valuta o in valute differenti, ed il loro ammontare è determinato in relazione ad un ulteriore sottostante /derivato.

In ogni contratto a termine, e in caso ad esempio di swap, si osservano il tasso di interesse del derivato, che viene calcolato in base alla somma di danaro (capitale nozionale o notional principal amount) su un periodo di tempo che indica la durata del contratto stesso.

Tra gli swap più comuni, troviamo IRS, detto anche **plain vanilla swap,** in cui uno dei due flussi di pagamenti è basato su un tasso di interesse fisso, mentre l'altro è indicizzato a un tasso di interesse variabile.

Le variazioni del tasso variabile, rispetto ai livelli ipotizzati al momento della conclusione del contratto, determinano il profilo di rischio/rendimento del prodotto.

Nel caso in cui il tasso variabile risulta superiore alle aspettative, colui, che è obbligato a pagare il tasso fisso, matura un profitto e riceverà pagamenti a tasso variabile, di importo superiore a quanto previsto.

Accadrà il contrario quando il tasso variabile scende.

Vi è poi anche il **currency swap**, quei contratti che prevedono scambi di valuta: le due parti si scambiano il capitale e gli interessi espressi in una divisa, contro capitale e interessi espressi in un'altra divisa monetaria. Nei currency swap, entrambi i flussi di pagamenti sono a tasso variabile.

Troviamo gli **asset swap**: contratti in cui le due parti scambiano ed effettuano i pagamenti in modo periodico e liquidano in relazione ad un titolo obbligazionario (asset) detenuto da una delle stesse parti.

In questo caso, ovvero con gli asset swap, chi detiene l'obbligazione, corrisponde l'interesse connesso all'obbligazione.

L'altra parte riceverà, dunque, l'interesse dell'obbligazione e pagherà un tasso di natura diversa (se l'obbligazione è a tasso fisso, pagherà un variabile e viceversa).

Infine, abbiamo I **credit default swap** (CDS) , che sono contratti in cui una parte (il cosiddetto *protection buyer*), a fronte di pagamenti che avvengono periodicamente a favore della controparte (il *protection seller*), si protegge dal rischio di credito associato ad un determinato derivato, costituito, eventualmente, da una specifica emissione, da un emittente o da un intero portafoglio di strumenti finanziari.

In questo ultimo caso, l'obiettivo è quello di essere coperti dai rischi associati all'attività che si esercita.

Oltre ai contratti forward e swap, si hanno le così chiamate **opzioni**.

L'opzione attribuisce il diritto, ma non l'obbligo, di comprare (option call) o vendere (option put) una data quantità di un bene (sottostante), ad un prezzo prefissato (strike price) entro una certa scadenza.

In questo caso, si parla spesso di **opzione americana**, nel caso, invece, di raggiungimento della scadenza stessa, si parla di **opzione europea**.

Il bene sottostante di cui parliamo può essere un'attività finanziaria (come azioni, obbligazioni, valute, strumenti finanziari derivati), una merce, come petrolio, oro, grano, o un evento di varia natura.

CAPITOLO X
Le Assicurazioni

L'assicurazione è il mezzo di protezione che copre dalla potenziale perdita finanziaria.

È anche questo una forma di gestione del rischio, soprattutto usato come copertura di rischio.

Coloro che provvedono a questo genere di coperture e protezioni sono proprio le compagnie assicurative, e lo fanno attraverso i loro intermediari, come gli agenti assicurativi o i brokers.

Una parte, che è il cliente, comprerà un'assicurazione dalla compagnia per mezzo dell'intermediario (l'agente assicurativo), e verrà indicato come l'*assicurato* e come il detentore della polizza assicurativa.

Le transazioni assicurative, solitamente, provvedono a garantire la copertura del rischio su perdite di danaro limitate.

Versando una quota, che può essere unica (detta premio unico) oppure costante nel tempo (annuale, semestrale o altrimenti), secondo il tipo di contratto stipulato tra la compagnia e l'assicurato, quest'ultimo provvede a garantirsi, in caso di rischio, la sua stessa protezione, affidando il danaro alla compagnia che lo gestisce e lo protegge per suo conto.

Le assicurazioni sono tra i metodi più antichi che esistano, ancora prima delle banche.

I mercanti che avevano bisogno di percorrere molta strada e si esponevano continuamente al rischio verso se stessi e verso le loro merci, ricorrevano a queste modalità di copertura per garantirsi che, in caso di perdita, fossero rimborsati o comunque coperti.

Il mezzo assicurativo diverrà poi più sofisticato verso la fine del XVIII secolo, con l'avvento della prima rivoluzione industriale, quando anche le banche si fanno più numerose e complesse, accompagnando quello che è stato il primo vero boom economico dell'Occidente e la nascita dell'economia moderna, per come la conosciamo ancora oggi.

Le assicurazioni, oggi, possono essere di vario tipo, e le compagnie offrono i più disparati prodotti.

Le assicurazioni sulla Vita, ad esempio, sono quelle assicurazioni che tutelano chi le sottoscrive, attraverso un processo cumulativo di danaro, che come detto, viene preso in carico dalla compagnia che si impegna a preservarlo e, a volte a capitalizzarlo. Proteggono da eventuali perdite economiche che possono accadere durante il corso della vita, oppure vanno a costituire quel genere di risparmio a cui si potrà attingere una volta andati in pensione, ad esempio.

Non solo. Alcuni *prodotti vita* garantiscono, in caso di morte di un parente, come il padre di famiglia, ad esempio, che gli altri componenti familiari siano rimborsati in danaro di tale perdita. Questo aspetto non è affatto da sottovalutare, se si pensa che possa accadere in una famiglia dove ci sia soltanto un componente del nucleo a lavorare, e venendo quello stesso a mancare, questo comporti la bancarotta familiare.

Esistono a questo scopo *prodotti vita*, come pensioni integrative, ovvero riscuotibili a fine contratto polizza, in modo da implementare la propria pensione cumulata negli anni e che, una volta raggiunta l'età pensionabile, possa rivelarsi non sufficiente.

Oltre ai prodotti vita, si hanno quelli detti *prodotti danni*.

Le assicurazioni al danno e rischio vengono sempre stipulate tra le parti, che sono il detentore della polizza e la compagnia e, attraverso il pagamento da parte del detentore di una somma concordata, versamenti che avvengono in modo costante.

Il prezzo della polizza viene concordato in base al valore della merce che, in questo caso, si vuole assicurare. Ad esempio, nel caso di un imprenditore che abbia un magazzino con delle merci di un certo valore al suo interno, si evita, che, in caso di danno, come intemperie, incendi, o altri incidenti, il detentore della polizza non perda il valore della sua merce e sia rimborsato del danno.

Stessa cosa vale per le polizze dette infortunio. Se un lavoratore, ad esempio autonomo, incorre in un incidente sul luogo del lavoro che gli impedisce, per giorni, di poter condurre il suo lavoro regolarmente, compromettendo così il proprio fatturato, la polizza risarcisce in base alle perdite che l'incidente ha arrecato al detentore, previo accordo contrattuale.

Vi sono, oltre a questi, altri mezzi, come quelli di copertura sul rischio finanziario, detto anche *bond insurance.*

Ad esempio, qui si andrà ad intendere la probabilità che il rendimento finanziario auspicato sia diverso da quello atteso, e che questo possa comportare una grossa perdita sull'investimento.

In questo caso, esiste la probabilità di sottoscrivere un'assicurazione per la garanzia finanziaria. La compagnia assicurativa garantisce i pagamenti degli interessi nel caso il debitore non rientri del capitale.

Più la copertura garantita dalla compagnia che si espone è maggiore, più alto sarà il prezzo da pagare da parte dell'assicurato per potersi assicurare da questa eventualità. Maggiore è il rischio dal quale ci si vuole proteggere, più costosa sarà la polizza.

CAPITOLO XI
Le Criptovalute

Abbiamo visto, nel secondo capitolo, cosa sia il denaro e come viene inteso il suo valore intrinseco, e di come questo, ad oggi, secondo il sistema fluttuante del cambio flessibile, possa essere acquistato e rivenduto sul mercato. Resta il fatto che le valute di ogni Paese si riferiscono al Paese stesso e la valuta è sovrana. Oggi si affaccia sul mercato un nuovissimo tipo di denaro di scambio, virtuale, non particolare a nessuno Stato sovrano, ma che esiste su Internet: è virtuale e non si riferisce a nessun valore di bene materiale, così che anche esso esiste in base unicamente a leggi di mercato e della speculazione di cui si fa mezzo e oggetto.

Questa nuova tipologia di valuta si chiama *criptovaluta*.

Grazie alle nuove tecnologie, anche in materia di cybersecurity e crittografia, e con l'avvento di Internet e la copiosità delle transazioni che avvengono sul web, si è verificato un cambiamento epocale nell'economia globale che ha portato all'avvento di enormi novità in campo finanziario sullo scambio di beni e servizi e in ogni altra attività di questo tipo.

Tra queste grandi novità, si sono diffuse maggiormente, negli ultimi anni nel settore finanziario digitale, proprio le **criptovalute,** valute virtuali, di cui la più nota è certamente il bitcoin.

Dal termine con cui queste valute digitali vengono indicate, ovvero "criptovalute", se ne evince che essa sia una valuta crittografata, cioè dall'identità nascosta, grazie ad un determinate codice informatico che ne protegge l'accesso.

Fu nel 1983, grazie all'intuizione di David Chaum, che si comincia ad affacciare l'idea di una valuta che fosse elettronica, e fu chiamata inizialmente e-cash.

Grazie poi alla sofisticazione dei metodi di pagamento su internet, e quindi alla necessità di trovare un sistema sicuro per questo genere di transazioni, si ricorse alla crittografia in modo da tracciare, senza sbavature, la circolazione del denaro online o con modalità elettroniche.

Il bitcoin, la più famosa, fece il suo ingresso nel 2009, quindi in anni molto recenti, e pare essere stata messa a punto da un collettivo conosciuto sotto il nome di Satoshi Nakamoto, lo stesso che ha dato vita al più sofisticato metodo di blockchain di cui rimandiamo al prossimo capitolo.

Questo sistema non rimanda a nessuna autorità centrale che ne possa detenere il controllo, ma traccia nel sistema un efficace monitoraggio delle frequenti transazioni, supervisionando chi detiene questo tipo di nuovo capitale virtuale, e ogni qualvolta siano create nuove criptovalute, il sistema le riconosce e le cataloga. Le criptovalute possono essere create soltanto attraverso il sistema di crittografia, e non altrimenti.

C'è chi ha definito qualsiasi alternativa di criptovaluta meno ufficiale che si affaccia sul mercato con il termine di *altcoin*, ovvero moneta *alternativa*.

In effetti, oggi, sono in vigore sia le valute nazionali sovrane che circolano cartacee o in moneta fisica, sia le criptovalute, e con entrambi questi sistemi monetari è possibile effettuare, ormai, quasi qualsiasi tipo di operazioni. Ma vediamo meglio.

Sono, dunque, le criptovalute: valute digitali, e quindi non fisiche, ma virtuali, e quindi non si trovano in forma cartacea, come le banconote o le monete alle quali siamo abituati, ma si trovano soltanto su Internet in formato digitale.

Le transazioni in criptovaluta avvengono in modalità peer-to-peer, cioè direttamente tra due dispositivi, senza intermediari di sorta, (come le banche) e si utilizzano per l'acquisto di beni e servizi (come una moneta a corso legale a tutti gli effetti).

Un'ulteriore classificazione, nell'uso di criptovaluta, prevede la suddivisione tra valuta virtuale 'chiusa', 'unidirezionale' e 'bidirezionale'. Nel caso del bitcoin, siamo di fronte ad una moneta virtuale bidirezionale, cioè questa può essere convertita con le principali valute ufficiali e viceversa. Altre, invece, possono essere utilizzate soltanto per l'acquisto di beni e servizi, ma non essere convertite.

Le criptovalute hanno corso legale ovunque e possono essere accettate o meno a seconda della discrezione di chi riceve un determinato tipo di pagamento. Non sono, però, regolate da enti governativi centrali, e vengono, perciò, emesse e controllate dall'ente emittente secondo regole interne proprie.

Sempre più Paesi nel mondo, però, stanno cominciando a mostrare interesse verso le monete digitali, o criptovalute, per poterle sperimentare e metterle sotto proprio controllo, come nel caso del Paraguay, che ha già adottato da qualche tempo l'**e-peso,** anche se tutto resta ancora in via sperimentale e non propriamente ben comunicato rispetto alle eventuali iniziative fino ad oggi svolte.

A questo proposito, si ricorda che anche in Europa si è già discusso per l'adozione di una criptovaluta comunitaria, e altrettanto si ricordano le criptovalute di origine italiana già estremamente performative, come Sardex, criptovaluta complementare all'Euro e con pari valore (1 Sardex = 1 euro), non convertibile, di sostegno all'economia del territorio e al lavoro fiduciario, che ha sviluppato una rete di operatori economici locali e gestisce rapporti di mutuo credito tra coloro che vi aderiscono.

Le monete a corso legale sono riconosciute nelle funzioni di unità di conto, o di mezzo di pagamento che comunemente, fino ad oggi, è accettato, oppure come deposito di valore.

Al momento, non essendo le criptovalute regolamentate ufficialmente e uniformemente a livello mondiale, si verifica una forte volatilità di queste, che non consente un fluido svolgimento della funzione detta di *unità di conto*; ad oggi, ed è sufficiente, anche per curiosità, controllare il loro andamento frenetico in borsa. I prezzi delle principali criptovalute sono soggetti a fluttuazioni troppo ampie, anche all'interno delle stesse giornate e nel giro di poche ore.

Si presentano, perciò, le criptovalute al fine di prezzare beni e servizi, altamente inefficienti come valuta di scambio.

Inoltre, non sono, ad oggi, largamente utilizzate, e questo ne determina il loro valore poco costante e non di grande interesse per il loro mercato. Ad oggi, le criptovalute possono essere utilizzate in piccolo quantità, e non è possibile, perciò, con esse effettuare grandi operazioni.

Le criptovalute, oltretutto, non hanno una funzione di uso (come l'oro di cui abbiamo in precedenza discusso al capitolo II) come le altre monete a corso legale non virtuali, sono associate, ad oggi, alla sola funzione di scambio.

Resta, però, la possibilità di operare in ICO, termine che indica *initial coin offering*, ovvero quel meccanismo finalizzato alla raccolta di fondi che possono dare luogo ad un finanziamento per un progetto imprenditoriale, proprio come le IPO, (Initial Public Offering), all'equity e al crowdfunding.

A differenza di Ipo, crowfunding e equity, l'ICO implica l'emissione di *coin*, o token digitali, in luoghi di strumenti finanziari tradizionali come possono essere le azioni.

I *gettoni,* (*token*) vengono offerti agli investitori che li acquistano con valuta non crittografata, come dollari o euro, ma anche, e ormai sempre più spesso, altre criptovalute come *bitcoin*.

La creazione, l'emissione ed il trasferimento di *token* avviene per mezzo della tecnologia "distributed ledger" (DLT). Si rimanda al capitolo successivo per meglio comprendere il suo funzionamento.

Generalmente, potete immaginare che gli investimenti operati in IPO si rivolgano a spiccate realtà imprenditoriali innovative di piccole dimensioni e, solitamente, per la sola fase di lancio alla ricerca di investitori.

La mancanza di un quadro regolamentare specifico per tali operazioni ha favorito una proliferazione delle ICOs a livello mondiale, che recentemente ha registrato valori complessivi per circa 5,68 mld. di USD secondo la fonte Coindesk, e che è andata di pari passo all'incremento del valore delle principali criptovalute.

Una volta emesse, le valute virtuali possono essere acquistate o vendute su una piattaforma di scambio, *exchange platform*, utilizzando denaro a corso legale come euro o dollaro. Le piattaforme di scambio, su cui si acquistano e vendono valute digitali, non sono attualmente regolamentate, quindi non è prevista una tutela legale specifica in caso di contenzioso o fallimento.

CAPITOLO XII
Blockchain

Il mondo digitale si presenta come una vasta e fitta organizzazione di natura reticolare, e proprio con questa sua disposizione ha reso la globalizzazione un sistema interconnesso in continua accelerazione, capillare ed estesa ad ogni settore, sia esso economico, sociale o politico. Si viene a richiedere, in modo irrevocabile, la messa a punto di sistemi di controllo e sicurezza affinché vengano rimossi, eliminati o prevenuti, danni o rischi eventuali a tutte quelle transizioni informatiche che ormai oggi viaggiano in rete.

Per assolvere al compito, nel caso come delle criptovalute e le transazioni che avvengono per mezzo di queste, si affaccia tra le soluzioni atte a rendere sicura ogni tipo di transazione, il sistema detto blockchain, ovvero una struttura di dati condivisa ed immutabile.

La prima descrizione di questa tipologia di catena di sicurezza di blocchi-dati crittografati fu operata nel 1991 da Stuart Haber e W.Scott Stornetta. I due avrebbero voluto rafforzare un sistema, al cui interno i documenti/matrice non avrebbero potuto in alcun modo subire modifiche o distorsioni.

Haber e Stornetta, più tardi, con l'aiuto di Dave Bayer, inclusero all'interno del sistema il disegno del Merkle Tree (un disegno ideato nel 1979 da Ralph Merkle, un sistema binario di sequenze di dati crittografati, in cui ogni nodo/blocco di dati richiede il conteggio del numero di hashes proporzionale al logaritmo del numero dei nodi/blocchi detti "foglia" dell'albero), che aiutava ad incrementare l'efficienza della catena, permettendo la raccolta di diversi dati certificati all'interno di un unico blocco.

Sarà successivamente, nel 2008, grazie alla concettualizzazione del sistema per opera di un collettivo conosciuto sotto il nome di Satoshi Nakamoto, che il disegno della blockchain fu perfezionato con l'introduzione degli hashcash alle matrici documentali, senza il bisogno, così, di dover registrare, con un'autentificazione apposta in fiducia a priori, la matrice, e introducendo anche un complesso parametro per il quale il valore di classificazione di ogni blocco, aggiunto man mano alla catena, potesse essere stabilizzato in sicurezza.

Questo sistema diviene poi noto grazie all'utilizzo che ne fu fatto come core component all'interno delle transizioni in bitcoin, ovvero le criptovalute.

Il blockchain, che si inserisce all'interno delle cosiddette Distributed Ledger, si presenta come una catena di blocchi crescente che, blocco dopo blocco, al loro interno, vanno ad inserire delle informazioni crittografate che riportano, sistematicamente, un hash del blocco precedente, via via che la rete di blocks cresce e si diffonde, a catena, e si moltiplica nelle varie direzioni. Ogni block della chain ha un canale di uscita e uno di entrata, paragonabile ad un registro contabile, che trattiene tutte le informazioni che riguardano le transizioni che avvengono tra due parti, l'una che entra e l'altra che esce, informazioni che restano sempre e comunque verificabili in modo permanente, affinché, ad ogni passaggio, venga lasciata un'impronta, indelebile, senza la possibilità di cancellarla o "farla sparire". Grazie a questo sistema, l'attacco informatico o il furto di dati resta molto difficile, poiché per attaccare una parte di dati di un sistema così interconnesso, verrebbe provocato il tilt dell'intero sistema, oltre a rendere di facile ed immediata individuazione sia la zona di fallo, in cui l'eventuale attacco è avvenuto, sia l'intercettazione del potenziale hacker.

Questo tipo di disegno, che il sistema blockchain considera, è un disegno che include la decentralizzazione sistematica di ogni passaggio di transizione di data, blocco dopo blocco, e la decentralizzazione sistematica ha comportato, a sua volta, la necessità di inserire ciò che viene definito in inglese "Byzantine Fault Tolerance", ovvero "tolleranza al problema dei generali bizantini", che all'interno della catena blockchain ha una soglia molto alta.

In presenza di errori, tra una transizione di informazioni e l'altra, da blocco a blocco, si potrebbe verificare un default a causa di informazioni discordanti, ovvero quelle che non riportano l'algoritmo comune denominatore dell'informazione di partenza della catena, il suo timestamp, la matrice. Quando questo accade, è come se il messaggio di un generale superiore (per stare nella metafora del "problema del generale bizantino"), ovvero l'input che parte dal blocco principale, non arrivasse a destinazione al resto dell'esercito come immaginato, generando allarme, perché significherebbe che qualcuno dei generali subalterni, che ricevono il comando dal superiore, abbia voluto o intenda "tradire il dettame". Ecco perché il "generale superiore", ovvero il messaggio matrice, per difendersi da eventuali "congiure o traditori" (attacchi o furti informatici), comunica in modo separato i suoi comandi, tutelando i generali fedeli premiandoli e permettendo loro di individuare ed evitare il pericolo.

Nel caso di blockchain, si verifica che, in caso di processo non corretto, il messaggio non sia inviato, oppure che sia inviato con un contenuto ritenuto arbitrario e sempre non autenticato.

In un mondo sempre più interconnesso, in cui la maggior parte delle azioni e delle transizioni della vita quotidiana avvengono in rete, diventa responsabilità individuale anche poter proteggere i propri dati.

Il sistema Blockchain si presta facilmente proprio a questo scopo.

CAPITOLO XIII
Gli Operatori Finanziari

Gli operatori finanziari sono quei soggetti che svolgono l'attività all'interno del campo finanziario. Esistono vari operatori finanziari che si distinguono per natura e competenza. Tendenzialmente, si possono dividere in macrocategorie che andiamo, di seguito, ad elencare.

Banche

La banca è quell'istituto detto di credito, pubblico o privato, che raccoglie i risparmi di privati o di società, di suoi clienti, verso i quali può esercitare credito e svolge attività di intermediazione finanziaria.

La storia racconta che siano stati degli italiani, con un certo Andrea del Banco, cambiatore di danaro a Pisa all'inizio del XVI secolo, i primi a fondare le prime banche.

Questo mestiere di prestatore su pegno divenne l'obbligo, a causa della forzatura da parte di coloro a cui questo mestiere era utile e necessario, come principi e governatori e il mestiere risulterà, poi in seguito, necessario a tutti.

Inizialmente basato su un sistema di prestiti e moratorie, codificato all'estremo, porterà con il tempo al sorgere delle banche per come le conosciamo oggi.

Le banche sono i soggetti autorizzati all'esercizio dell'attività bancaria; possono, però, prestare nei confronti del pubblico anche servizi e attività di investimento, oltre ai servizi accessori.

Esistono banche comunitarie, extracomunitarie o nazionali. Nell'ultimo caso, ci si riferisce alla banca che ha sede nel proprio territorio nazionale, mentre, nel caso di quelle comunitarie, quelle che hanno sede legale e amministrazione centrale presso uno stato comunitario diverso da quello di nostra propria origine (come, ad esempio, le banche situate nel resto d'Europa). Per banche extracomunitarie, si intendono quelle banche con sede legale in uno Stato extracomunitario.

Le banche possono svolgere la loro attività in tutto il mondo, a prescindere se siano comunitarie o extracomunitarie. Una banca comunitaria o extracomunitaria può svolgere la sua attività nel nostro Paese: in questo caso l'Italia, sulla base di precise autorizzazioni rilasciate dagli enti preposti o dalla banca nazionale.

Banche d'affari

Le banche di affari sono storicamente preposte alla negoziazione di prestiti e operano in investimenti. Sono state le prime banche moderne a comparire nella storia, fin dalla loro comparsa nel Medio Evo.

Banche d'investimento

Le banche di investimento si rivolgono principalmente ad aziende, nell'intento di offrire tutti servizi finanziari disponibili sul mercato per collocarne gli investimenti.

Tra I servizi che le banche d'investimento offrono, vi sono i finanziamenti alle imprese, i servizi bancari d'impresa, la finanza d'impresa, le private equity, la finanza strutturata, la gestione del rischio.

Società di gestione del risparmio

Le Società di gestione del risparmio sono quei soggetti che svolgono l'attività di gestione collettiva del risparmio (ad esempio, la gestione di fondi comuni di investimento mobiliare) e operano in tutto il mondo.

Possono, in alcuni casi, anche prestare determinati servizi di investimento, come gestioni di portafogli o la consulenza sugli investimenti.

Sono organizzate e gestiscono il risparmio collettivo, in modo da ridurre al minimo il rischio di conflitti di interesse, attraverso, ad esempio, la diversificazione del portafoglio che viene operata per conto dei risparmiatori.

Promotori finanziari

Il promotore finanziario è una figura che esercita la sua professione, come dipendente, agente o mandatario, agendo per conto proprio o di un intermediario, come può esserlo la banca.

Supporta il cliente nella scelta dei prodotti e dei servizi finanziari più adatti alle sue esigenze, perciò restano le figure più specializzate ed informate sulle analisi di mercato. Il mercato è soggetto a cambiare rapidamente nel giro di poco tempo

Le banche, ad esempio, sono tenute a vigilare con costanza e a monitorare I loro operatori, poiché essi stessi sono responsabili del loro andamento e della loro attività produttiva.

Al promotore è vietato ricevere dall'investitore denaro contante per il pagamento dei servizi e dei prodotti sottoscritti e può ricevere solo dal cliente.

Consulenti finanziari

Il consulente finanziario è quella figura che esperta di finanza, valutate le esigenze del cliente, aiuta lo stesso ad orientarsi sui suoi investimenti. Assiste il cliente e lo aiuta a gestire il suo patrimonio, costruisce le strategia adatte a raggiungere gli obiettivi che il cliente si prefigge di conquistare. Questo comporta un contatto diretto con il cliente da parte del consulente, il quale, offrendo delle soluzioni, assicurative o bancarie, risulta la figura di collaborazione fondamentale alla strategia di un'azienda o dello stesso privato.

CAPITOLO XIV
I Servizi Di Investimento

Attraverso i servizi di investimento, gli intermediari, come le banche, consentono di impiegare i risparmi dei loro clienti in strumenti finanziari (azioni, obbligazioni, titoli di Stato, quote di fondi, contratti e strumenti derivati, di cui abbiamo ampiamente descritto in precedenza).

I servizi e le attività di investimento possono avvenire per conto dei clienti, per negoziazione per proprio stesso conto, nella gestione multilaterale della negoziazione, nella ricezione e nella trasmissione degli ordini e nella loro sottoscrizione o nel collocamento, gestione portafogli, e consulenza.

Nel caso di esecuzione di ordini per conto dei clienti, il servizio riguarda l'acquisto o la vendita di titoli per conto del cliente;
Nella negoziazione per conto proprio, si tratta di acquisto dal cliente, o la vendita al cliente, di titoli di proprietà dell'intermediario.
Con la gestione di sistemi multilaterali di negoziazione, siamo di fronte a sistemi che consentono di mettere in contatto le proposte

di acquisto e di vendita che provengono da diversi e differenti operatori.

Con la ricezione e la trasmissione di ordini, l'intermediario riceve dal cliente un ordine di acquisto o vendita di titoli, e lo trasmette ad altro intermediario per l'esecuzione.

Nel caso di sottoscrizione e/o collocamento, avviene la distribuzione di strumenti finanziari, all'interno di un'offerta al pubblico standardizzata, in base ad un accordo con l'emittente o con l' offerente.

Sulla gestione di portafogli è l'intermediario, che svolge tale gestione per conto del cliente e lo investe in strumenti finanziari.

Infine, la consulenza in materia di investimenti , come abbiamo visto nei capitoli precedenti, dove la figura del consulente fornisce consigli personalizzati per una o più operazioni relative ad uno strumento finanziario.

CAPITOLO XV
Green Economy Economia Circolare E Sharing Economy

Come abbiamo avuto modo di accennare nell'introduzione di questo libro, siamo, oggi, all'alba del XXI secolo, di fronte a trasformazioni epocali che coinvolgono la transizione dell'uomo da una tecnologia all'altra, e abbiamo visto come questi passaggi di transizione energetica comportino sempre un riequilibrio e un riassestamento generale, anche dei rapporti sociali in seno alla politica economica che può essere adottata.

Il sistema, estremamente consumistico, che ha fatto da traino a tutta l'economia del XX secolo, ha portato anche al saccheggio ambientale, che si è verificato in concomitanza con la crescita esponenziale della popolazione a livello globale. Prendiamo i cibi in scatola, oppure l'abbigliamento. Costa molto meno energeticamente pescare un pesce che non tenere in piedi tutta la filiera necessaria alla sua conservazione. Costa molto meno tosare una pecora che non coltivare interi campi di cotone o produrre fibre sintetiche che, a loro volta, necessitano dell'estrazione del petrolio.

Abbiamo chiamato le tre rivoluzioni industriali, che l'uomo ha attraversato, "progresso". Impossibile negarlo o sostenere altrimenti.

Dalla capanna di fango e paglia, alle abitazioni sempre più sofisticate, dal fuoco al metano oggi per scaldarsi, dalle armi primitive per difendersi dagli animali feroci fino ai droni, la zappa contro le macchine per coltivare la terra, le strade sempre più percorribili, e i mezzi sempre più sofisticati e leggeri per percorrerle.

Il punto di rottura è giunto, in questi ultimi anni, a ricordarci quanto gli appelli al clima non siano da sottovalutare. Hanno sicuramente innescato un punto di non ritorno dalla prospettiva delle politiche economiche.

La distruzione permanente del pianeta non è possibile, dove il fine ultimo è di accontentare ogni singolo e di continuare a dare motore all'economia, salvaguardando l'ambiente in cui viviamo e di cui abbiamo necessario bisogno.

Tutti consumiamo, e perciò non si può non produrre.

Pare affacciarsi, tra le soluzioni dette sostenibili, che permettano, perciò, al capitalismo di fare il suo corso (senza danneggiare se stesso, l'ambiente e la società umana), che permettano all'economia di procedere in modo più sano, al mercato di competere, alla finanza di spingere il progresso, un consumismo di tipo "verde".

Rispettare l'ambiente preserva l'uomo da maggiori pericoli: preservando l'uomo e il suo ambiente, ci si protegge dal rischio di scomparire e dal pericolo che l'economia stessa subisca maggiori danni.

La società, così cresciuta, ha bisogno di maggiore energia, che non è inesauribile se consideriamo le nostre attuali fonti di approvvigionamento, come il gas o il petrolio.

L'unica via percorribile pare, perciò, cambiare i paradigmi di mercato ed economici, partendo dall'adozione di nuovi stili di vita più sostenibili e di consumo differente.

Riducendo così l'impatto ambientale in favore dello sviluppo sostenibile, attraverso l'impiego di altri fonte energetiche, come quelle eoliche o solari o di altro tipo, si entra così nel campo della cosiddetta *green economy, o economia verde.*

Non solo la green economy prevede l'utilizzo e il ricorso ad altre fonti energetiche, peraltro inesauribili, come quelle del sole e del vento, ma include, nello spettro, anche tutti gli altri aspetti relativi all'intero ciclo produttivo, che dovrebbe essere riconvertito interamente, per ridurre le emissioni di gas serra da una parte, e i rifiuti dall'altra, affinché si abbia sempre meno necessità di smaltirli, sia la progettazione di un'edilizia meno dispendiosa, meno impattante per l'ambiente, più sicura e più tecnologica, più facile, e quindi che riduca lo spreco di energie da parte di tutti.

L'economia verde non è soltanto efficiente, ma anche giusta. Rivalutare il capitale ambientale che abbiamo a disposizione è ormai una strada dalla quale non possiamo tornare indietro, e che ha sicuramente offerto lo spunto per ridisegnare nuovi paradigmi di mercato che, fino ad ora, non erano stati presi in considerazione a causa della maggiore attenzione sui profitti, che potevano e hanno generato altre fonti di approvvigionamento energetico.

La green economy porta con sé una visione del mondo olistica, cioè tende a considerare come l'uomo sia inevitabilmente interconnesso con gli altri e con l'ambiente, dove le parti fanno parte del tutto e il tutto delle parti, rifiutando, perciò, una visione meramente individualistica, tipica degli approcci a cui, fino ad oggi, abbiamo assistito.

A questo proposito, si sono anche affacciate altre teorie e proposte per nuovi paradigmi di mercato ed economia, come la *circular economy* e la *sharing economy*.

La circular economy è stata inventata proprio in funzione della green economy. È un suo aspetto particolare, infatti, e prevede che all'interno del ciclo produttivo niente venga sprecato, ma possibilmente riutilizzato.

Da una parte, ad esempio, sono i rifiuti prodotti ad essere oggetto di recupero, affinché lo sfruttamento ulteriore dell'ambiente sia ridotto nella circostanza di non dover necessariamente ricorrere a nuova estrazione di materiali o loro approvvigionamento in un secondo ciclo produttivo. Dall'altra, il recupero, ad esempio, di rifiuti organici, che vengono rimessi nell'ambiente come i concimi naturali, prodotti a loro volta dai rifiuti di scarto umidi e naturali, come gli avanzi di cibo.

All'interno dell'economia circolare, tutto viene recuperato. Si consuma un prodotto, il suo scarto viene raccolto, viene dunque riciclato, si ricorre a risorse naturali, si impiega la creatività per riprogettare un nuovo prodotto da rimettere sul mercato, si innesca una nuova produzione e una nuova catena di distribuzione.

Vediamo, perciò, come una nuova transizione energetica comporti dei cambiamenti epocali e degli adattamenti del ciclo produttivo e di mercato in seno a questa, ma non cambi il concetto di economia, che come abbiamo visto proprio nel libro, significa etimologicamente "gestione familiare".

La sharing economy, altrimenti detta economia collaborativa, prevede, ad esempio, l'utilizzo dello stesso bene da parte di più persone: questo permette, dunque, di non dover produrre tutto, subito, in abbondanza e ovunque, e di costringere il mercato a piegarsi e a spingere in modo forzoso per un solo tipo di prodotto (a scapito di un altro); permette, inoltre, di consumare meno energia che inquina. Basti pensare al car sharing, in cui la stessa auto può essere utile a più persone, senza che ognuna di esse possegga una sua propria.

La visione olistica, che fa da sfondo alla green economy, torna a riproporsi e a suggerire di considerare l'economia come un sistema in continua trasformazione, come in continua trasformazione sarà sempre la società dell'uomo.

La tecnologia, in questo, aiuta moltissimo. Senza internet, tutto ciò non sarebbe stato possibile. Il mondo è necessariamente e ormai inevitabilmente interconnesso, e questo ha accelerato molti processi economici, ma allo stesso tempo li ha modificati, e sempre in meglio.

CAPITOLO XVI
Analisi dei mercati finanziari

Nella prima parte del libro, abbiamo fornito una spiegazione generale riguardo i mercati finanziari, ed in particolar modo abbiamo detto che questi si possono distinguere sulla base di alcuni parametri tra quali:

- Prodotti finanziari scambiati;

- Durata dei prodotti finanziari scambiati;

- Momento di emissione degli strumenti finanziari;

- Identità degli operatori che possono accedere al mercato;

- Bacino territoriale degli scambi;

- Funzionamento dei mercati.

Approfondiamo, ora, tutti questi concetti per avere una visione completa e dettagliata di tutto ciò che riguarda un mercato finanziario.

In base ai prodotti scambiati abbiamo:

- Il mercato creditizio, dove si emettono e si rimborsano strumenti creditizi che non sono destinati alla circolazione e sono personalizzabili sulla base delle caratteristiche personali dei contraenti;

- Il mercato assicurativo, dove si emettono strumenti finanziari che trasferiscono i rischi a soggetti che sono esposti particolarmente a questi ultimi;

- Il mercato mobiliare, dove sono scambiati valori mobiliari destinati alla circolazione.

In base alla durata dei prodotti finanziari scambiati, abbiamo:

- Il mercato monetario, dove si scambiano strumento finanziari a breve termine;

- Il mercato dei capitali dove si scambiano strumenti finanziari di medio e lungo termine.

In base alla data di emissione dei prodotti finanziari, abbiamo:

- Il mercato primario, dove si scambiano titoli azionari e obbligazionari di nuova emissione;

- Il mercato secondario, dove si scambiano titoli precedentemente investiti.

In base agli operatori coinvolti, abbiamo:

- Mercato al dettaglio, dove operano persone fisiche;

- Mercato all'ingrosso dove operano persone specializzate nel campo.

In base al bacino territoriale, abbiamo:

- Il mercato domestico;

- Il mercato internazionale.

Infine, in base al funzionamento, abbiamo:

- I mercati regolamentati, che si basano su determinate leggi dettate dalle autorità;

- I mercati non regolamentati, dove si scambia attraverso negoziazioni bilaterali e non standardizzate.

Per comprendere al meglio il funzionamento dei mercati finanziari, è stato fondamentale e di estrema utilità il contributo fornito da Modigliani e Miller con il loro teorema economico. Tale teorema afferma che, in un mercato perfettamente concorrenziale, le scelte di finanziamento dell' impresa sono irrilevanti per capire il valore dell' impresa stessa. Ed inoltre, il tasso di rendimento sulle azioni cresce in modo lineare al crescere dei debiti.

Quindi, secondo queste teorie non esiste una struttura finanziaria ottimale e perfetta.

Nella realtà odierna, questi assunti non vengono proprio rispettati, infatti, sempre più spesso, l' aumento di capitale è accompagnato da una diminuzione del prezzo delle azioni.

L'analisi finanziaria è un vero e proprio strumento, usato dai soggetti interni alla azienda con lo scopo di capire quale sia la capacità dell' impresa di soddisfare i bisogni finanziari, senza incidere in modo negativo sull'equilibrio economico.

Così è facilmente comprensibile quale sia lo stato di salute dell' impresa.

Per studiare lo stato di salute delle aziende, si possono usare quattro indici:

- Indice di solidità, cioè stabilire quanto gli investimenti finanziari siano stati realizzati con il proprio capitale;

- Indice di liquidità, che permette di capire se l'azienda riesce a rispettare i debiti a breve e lungo termine;

- Indice di rotazione, cioè stabilire quanto patrimonio investito ritorno sotto forma di denaro;

- Indice di durata, cioè stabilire quale sia il tempo necessario per fare in modo che gli investimenti si trasformino in denaro.

Quindi, l'analisi dei mercati finanziari è molto importante per stabilire la strategia giusta da adottare, per migliorare la situazione finanziaria e per capire se l'azienda sia affidabile o meno.

Importante è anche la teoria del ciclo di vita finanziario sviluppata da Modigliani, per la quale vinse anche il premio Nobel.

Secondo questa teoria esistono tre fasi:

- Fase giovanile;

- Fase lavorativa;

- Fase pensionabile.

All'interno di questo grafico, è possibile notare due curve diverse, quella del reddito, che ha la forma di una parabola rovesciata, e quella dei consumi, che ha la forma di una semi curva.

Durante la fase giovanile, si hanno tante idee, ma pochi soldi per realizzarle. In questa fase si tende a spendere di più in cose futili, si investe poco, non si pagano le tasse ed, inoltre, la mancanza di reddito può procurare debiti.

Questi debiti saranno ripagati durante la fase lavorativa, dove si cercherà anche di realizzare le idee avute nella fase giovanile e di mettere da parte il capitale.

Nell'ultima fase, i consumi sono molto pochi e, per lo più, legati ai bisogni essenziali, ma possiamo notare un ricrearsi dei debiti. Si tratta di quei debiti fatti dai giovani che richiedono i risparmi dei propri genitori o nonni per estinguerli.

È chiaro, quindi, che ogni fase della vita ha esigenze e obiettivi molto diversi, che devono essere gestiti in modo diverso anche dal punto di vista finanziario e degli investimenti.

L'uso della teoria del ciclo di vita finanziario ha molte conseguenze sulle scelte finanziarie che ci troviamo a prendere, e anche parecchi limiti. Come tutte le teorie, anche questa non ci darà mai un disegno perfetto della realtà, ma può offrire una lettura per valutare tutte le nostre decisioni. Quando prendiamo delle decisioni finanziarie, dobbiamo sempre considerare la nostra posizione all'interno del ciclo di vita finanziario e i nostri obiettivi.

La teoria del ciclo di vita è un modello che, seppur risulti essere datato, può essere applicato anche ai giorni nostri per rappresentare la realtà odierna in cui viviamo e la relazione tra reddito, risparmio e consumo delle persone, dall'inizio della vita lavorativa fino alla vecchiaia.

Anche se la realtà di oggi prende come riferimento le ultime generazioni che, non conoscendo affatto il significato di risparmio, sono caratterizzate da consumi elevati, perché abituate già così dalla famiglia di provenienza.

Hanno la certezza di avere sempre un tetto sulla testa ed un piatto caldo, l'accesso agli studi, la possibilità di uno stile di vita più consumistico. Queste generazioni hanno compiuto un passo in avanti rispetto alle generazioni studiate da Modigliani. Anche se tale livello di consumo rende i giovani di oggi poco indipendenti, poiché riescono a mantenere per anni il livello di consumo raggiunto dalla propria famiglia. Inoltre, l'alto livello di scolarizzazione e la ricchezza di provenienza delle famiglie genera delle aspettative piuttosto alte, sia in termini di lavoro, di retribuzione e mansioni da svolgere.

Queste aspettative non trovano riscontro, purtroppo, nella realtà odierna, dove i salari sono fin troppo bassi, esiste la precarietà dei contratti e pochi posti di lavoro.

Si tende così a rimanere in attesa di un posto di lavoro adeguato alle proprie capacità, rinunciando a posti di lavoro più umili, ma che, comunque, garantirebbero una certa forma di sostegno. Ovviamente, questo può accadere solo laddove ci sia una rendita familiare che continui a sostenere il mancato reddito personale. In questa logica, è molto più difficile, rispetto al passato, accumulare ricchezza e, quindi, risparmio, motivo per cui il sistema pensionistico di oggi ha subito un calo drastico di risorse.

I consigli che possiamo suggerire, rispetto alla realtà che viviamo oggi, ci rimandano alla teoria del ciclo di vita finanziario. Cerchiamo di essere attivi lavorativamente, accettando anche lavori che non rientrano nelle nostre capacità, in modo tale da generare reddito che può essere poi risparmiato, riformuliamo le nostre aspettative, ridimensioniamo le nostre spese, teniamo sempre a mente l'andamento delle nostre finanze e dei nostri bisogni, sviluppiamo una cultura economica e finanziaria ben radicata in noi.

Ai giovani viene chiesto di acquisire più consapevolezza sulla propria condizione economica, agli anziani viene chiesto di riconoscere che le condizioni e le soluzioni passate non esistono più.

CAPITOLO XVII
Pianificazione finanziaria

Prima di procedere ad una corretta pianificazione finanziaria, occorre valutare la redditività e l'efficacia di un investimento. La valutazione è differente dall'analisi poiché è molto più specifica e dettagliata e permette di visionare lo stato finanziario aziendale. Per ottenere una valutazione finanziaria, bisogna considerare alcuni elementi che influenzano la vita dell' impresa, e tra questi, in primis, c'è il rischio, poi, le oscillazioni di mercato, ed infine il tempo.

Quindi, affinché un investimento sia efficiente, è necessario e utile pianificarlo e monitorarlo correttamente.

La pianificazione di un investimento è corretta quando nasce a partire dalle proprie esigenze.

Tutti gli investimenti devono essere realizzati per concretizzare uno scopo, raggiungere gli obiettivi aziendali e, quindi, soddisfare tutte le esigenze dell' impresa.

La pianificazione prevede tre fasi:

- Diagnosi, dove si definiscono i vari obiettivi e bisogni. Ogni bisogno deve essere scelto sulla base di eventuali redditi futuri e sulla capacità della azienda di un possibile risparmio;

- Pianificazione vera e propria, dove si definisce quanto budget destinare per la realizzazione di un investimento;

- Proposta, dove si definisce la strategia per sostenere l' investimento stesso;

- Monitoraggio, dove si cercano di ottenere sempre nuove informazioni per migliorare il rendimento e ridurre i rischi finanziari.

Attraverso una giusta pianificazione, possiamo ottenere un certo valore dall'investimento fatto. Il valore non è nient'altro che l'utile generato dal bilancio di esercizio.

La creazione del valore è influenzata, principalmente, dal rischio, ed in particolar modo dal rischio di mercato. Infatti, un investimento potrebbe generare delle perdite qualora le oscillazioni di mercato riducano il valore di un determinato strumento finanziario. Queste oscillazioni sono legate ai tassi d'interesse, ai tassi di cambio e alle variazioni di prezzo.

Un altro rischio è quello di credito, che si verifica quando un debitore risulti incapiente verso l' azienda e non rispetti gli accordi presi.

Ancora, possiamo parlare di rischio operativo che si riferisce al rapporto tra azienda ed enti creditizi o istituti finanziari.

Infine, l'ultimo rischio è quello sistemico .

Dobbiamo precisare che esiste una forte correlazione tra rischio e rendimento perché si tratta di due grandezze proporzionali tra di loro. Quindi, un investimento rischioso comporta un rendimento molto alto.

Quello che occorre considerare, durante l'analisi e la pianificazione finanziaria, è il rendimento minimo ed il rischio massimo.

L'azienda dovrà decidere come implementare i propri investimenti, considerando anche la propensione al rischio ed un rischio oggettivo che potrebbe verificarsi.

Tutte le valutazioni di rischio e rendimento dovranno essere attuate sulla base di attente analisi, che riguardano non solo il mercato di riferimento, ma anche lo strumento finanziario sul quale si è deciso di investire.

Alla fase di pianificazione finanziaria segue quella di acquisizione dei capitali. L'azienda deve fare in modo di studiare tutte le alternative che permettono di recuperare risorse finanziarie. Quando si sarà in grado di finanziare le proprie strategie usando solo capitale proprio, allora si sarà raggiunta una certa solidità. A tutte queste operazioni, si aggiungono quelle di finanza straordinaria, ovvero tutte quelle operazioni che permettono all' azienda di crescere.

CAPITOLO XVIII
La struttura finanziaria

Con tale termine, ci si riferisce alla formazione del patrimonio netto e delle passività di bilancio, entrambi divisi in singole fonti di finanziamento.

Prima di analizzare una struttura finanziaria ottimale, occorre decidere quale sia l'ammontare in denaro del fabbisogno aziendale.

Inoltre, bisognerà analizzare la forma giuridica dell'azienda e un'analisi del ciclo produttivo, quindi, capire se sia possibile una futura crescita nel mercato d'interesse.

Infine, la struttura finanziaria varia a seconda del trattamento fiscale al quale viene sottoposta l'azienda.

Un punto importante, all'interno di una qualsiasi struttura finanziaria, è il fabbisogno finanziario, ovvero avere dei capitali che supportino l'attività imprenditoriale e facciano fronte a tutti i costi operativi e a quelli legati agli investimenti.

Soddisfare il fabbisogno solo con il proprio capitale potrebbe creare situazioni di difficoltà, poiché l'azienda potrebbe non essere in grado di restituire tutti i finanziamenti ottenuti nelle modalità stabilite. Inoltre, gli interessi, in questo senso, potrebbero inevitabilmente aumentare, e quindi gravare ulteriormente.

Per ottenere, invece, dei vantaggi sul mercato stesso, l'impresa deve mettere in luce il vero valore del patrimonio aziendale.

Prima di effettuare un investimento, bisognerà effettuare una ricapitolazione di tutto il capitale che si possiede e di quello che si potrebbe ottenere nell' immediato futuro, e quindi basare la struttura finanziaria su questo.

Inoltre, dobbiamo precisare che il fabbisogno può essere durevole quando si riferisce a tutti gli investimenti effettuati, e corrente quando si riferisce alla parte operativa dell' azienda.

Per avere una struttura finanziaria perfetta, occorre, anche, elaborare ed analizzare il bilancio di esercizio, al quale affiancare un'analisi finanziaria che prenda in esame tutti gli aspetti strategici passati, presenti, futuri e quelli operativi. Quest'analisi può essere statica, se riguarda lo studio degli stock patrimoniali, e quindi individuare eventuali squilibri monetari, oppure può essere dinamica quando permette di individuare il reale equilibrio finanziario.

Una volta redatto il bilancio di esercizio, occorre prendere in riferimento due aspetti importanti, che sono le fonti e gli impieghi.

Le fonti sono tutti quegli elementi dalla quale l'azienda raccoglie il capitale.

Gli impieghi, invece, definiscono le modalità di impiego delle fonti.

Una struttura finanziaria equilibrata deve individuare quale sia il livello ottimale di fonti e di impieghi, cosicché l'azienda risulti essere sempre in una condizione di solidità e rispetti ogni scadenza, cercando, così, di evitare problematiche finanziarie ed economiche che possano gravare la posizione sul mercato, sia nell' immediato che in un momento futuro.

Il bilancio di esercizio è molto importante, anche perché l'intera analisi finanziaria si basa su questo. Si compone di diverse voci, quali lo stato patrimoniale, il conto economico, la nota integrativa ed il rendiconto finanziario.

Lo stato patrimoniale ha il compito di descrivere la situazione patrimoniale dell'impresa. È suddiviso in due sezioni contrapposte tra di loro, l'attivo e il passivo.

Il conto economico ha il compito di individuare il risultato economico dell'intero esercizio e di capire se l'azienda ha avuto un utile o una perdita sulla base dei costi e dei ricavi avuti nell'anno.

La nota integrativa ha la funzione di integrare i dati contenuti, sia nello stato patrimoniale che nel conto economico, con ulteriori dettagli ed informazioni. Questa dovrà per forza indicare quali criteri siano stati usati per redigere il bilancio di esercizio e quali operazioni siano state adottate per modificare le immobilizzazioni.

Il rendiconto finanziario ha il compito di riassumere tutti i flussi di cassa che si sono verificati durante l'esercizio. Inoltre, dovrà indicare e descrivere le fonti, che hanno provocato un aumento in termini di liquidità dell'azienda, e gli impieghi, che hanno provocato una diminuzione.

Una volta elaborato il bilancio di esercizio, è necessario effettuare una riclassificazione, cioè, provando a mescolare i singoli elementi patrimoniali e reddituali, sarà possibile avere dati diversi che verranno poi usati per effettuare l'analisi di bilancio. Soltanto con la riclassificazione si potrà capire quale sia il reale stato economico e finanziario della azienda.

Infine, per approfondire lo studio dei dati contabili, presenti nei singoli documenti che compongono il bilancio di esercizio, si può usare l'analisi di bilancio.

Questa può essere usata attraverso due metodologie: calcolando gli indici e i margini, a partire da una valutazione degli stock patrimoniali, oppure basarsi esclusivamente sui flussi reddituali che si trovano all'interno del conto economico.

A prescindere dalla metodologia adottata, l'analisi di bilancio valuta quale sia l'equilibrio economico all'interno dell'impresa e se si siano raggiunti determinati obiettivi prefissati in partenza.

Un'altra analisi usata è quella per indici e margini: mette a confronto tali grandezze dello stato patrimoniale con quelle del conto economico. Questo permette di avere delle informazioni riguardo lo stato di salute dell'azienda, e consente di fare delle previsioni sul futuro dell'azienda stessa.

Ancora, un ulteriore analisi usata è quella per flussi. Questa si basa su alcune grandezze, definite fondamentali, che definiscono la validità del business aziendale.

CAPITOLO XIX

Investire

Investire significa impiegare il capitale in beni durevoli ed attività economiche.

Attraverso un qualsiasi investimento, è possibile raggiungere una propria libertà finanziaria e guadagnare attraverso questo stesso strumento.

È un'operazione economica basata su un esborso iniziale di capitale, a volte anche molto ingente, e su una successiva ripartizione degli utili generati in un determinato periodo di tempo.

Ormai, è diventato una priorità per tutti gli italiani. Non va confuso, però, con il risparmio, poiché, in quest'ultimo caso, il denaro guadagnato nel tempo viene accantonato e non necessariamente impiegato.

Ogni investimento assume rendimenti diversi a cui va associato un determinato valore di rischio.

Il mercato finanziario offre tantissimi strumenti di risparmio ed investimento, ma senza le opportune conoscenze sarà difficile effettuare delle scelte giuste che seguano i propri obiettivi ed essere in grado di modificare le stesse sulla base dei vari cambiamenti che potrebbero verificarsi.

Di solito, infatti, ci si affida a dei professionisti del settore che abbiano le conoscenze adeguate e possano garantire una corretta diversificazione del portafoglio, cercando di tutelare al massimo il proprio capitale, evitando perdite ed eventuali rischi.

Inoltre, così, potremo anche accedere a strumenti finanziari che sono riservati soltanto ad investitori qualificati.

Per capire a quale categoria di investitore apparteniamo, è necessario capire quale strategia venga usata.

Ogni piano di investimento è studiato sulla base delle caratteristiche personali di ogni investitore, per cui non avremo mai una strategia uguale ad un'altra, né tanto meno investitori uguali tra di loro.

L'insieme delle caratteristiche di chi investe compongono il profilo dell'investitore.

Esistono tre aspetti base che compongono il profilo dell'investitore, e sono:

- La tolleranza al rischio;

- Gli obiettivi di investimento;

- L'orizzonte temporale.

Ogni investitore è, tra l'altro, assorto da varie emozioni, che nelle fasi più critiche degli investimenti possono portare a compiere delle scelte irrazionali, e fare delle scelte sbagliate può influenzare le strategie future.

Ci si può anche lasciare influenzare dalle esperienze passate, dal modo in cui determinate scelte ci vengano proposte e dagli errori cognitivi.

Gli investitori più frequenti si possono dividere in:

- Investitore fondamentalista, quando aspetta che il valore di un'azione raggiunga dei livelli vantaggiosi. L'abilità sta nel saper riconoscere la solidità di un'azienda dal punto di vista del prezzo e dagli utili;

- Investitore cassettista, cioè colui che compra titoli per accantonarli e tenerli a lungo, senza controllarne i costi e aspettarsi un margine di guadagno;

- Investitore bue, cioè colui che compra un titolo e lo tiene finché non ci guadagna, e a quel punto lo vende. Il punto di forza risiede proprio nel detto: "acquista basso, vendi alto";

- Investitore broken, cioè colui che dà ordini di acquisto e di vendita continuamente ed ha sempre delle strategie ben definite. Il punto debole, però, rimane quello di vendere troppo in fretta;

- Investitore scalper, cioè colui che segue i movimenti dei prezzi a breve scadenza, coglie la crescita ed ottimizza dei piccoli guadagni. Può effettuare operazioni della durata di pochi minuti, soprattutto ad apertura o chiusura della borsa;

- Investitore trader, cioè colui che opera facendo sempre prima delle analisi tecniche di mercato.

Esistono vari tipi di investimenti e la differenza sostanziale risiede, principalmente, nell'oggetto stesso su cui è concentrata l'analisi, sulle modalità e l'affidabilità delle varie strategie.

L'analisi di un investimento viene fatta, come abbiamo detto in precedenza, su un insieme di vari investimenti per valutare gli Indicatori che rappresentano la convenienza economica o la redditività del finanziamento stesso.

Gli investimenti possono essere:

- Di espansione, per aumentare la capacità produttiva;

- Di sostituzione, per sostituire gli impianti al termine della loro durata fisica;

- Di razionalizzazione, per adeguarsi alle nuove tecnologie;

- Di innovazione, per produrre del nuovo;

- Ergonomici, per migliorare l'ambiente di lavoro.

Inoltre, possono essere indipendenti quando il singolo progetto può essere studiato da solo, oppure dipendenti quando più progetti devono essere studiati e realizzati insieme.

È possibile usare diversi criteri di classificazione per le varie categorie di investimenti.

Esiste il criterio di obbligatorietà che individua:

- Investimento obbligatorio, nel caso in cui l'impresa valuti vari investimenti e non riesca a sceglierne uno solo;

- Investimento opzionale, nel caso in cui l'impresa, nonostante i vari investimenti, rinunci a compiere l'investimento stesso.

Esiste il criterio di marginalità che individua:

- Investimento marginale, si ha quando non è modificabile la posizione di rischio o la posizione rispetto alla concorrenza;

- Investimento strategico, quando ci si pone l'obiettivo di modificare la posizione dell'impresa rispetto alla concorrenza.

Esiste il criterio di indipendenza che individua:

- Investimento indipendente, quando un investimento non è influenzato da un altro;

- Investimento dipendente e condizionato, quando due investimenti sono legati tra di loro e si influenzano a vicenda.

CAPITOLO XX
Valutare un investimento

L'analisi degli investimenti è un aspetto molto importante perché riguarda una serie di calcoli che tutti gli investitori dovrebbero fare prima di costruire il proprio portafoglio personale.

Prima di investire i propri soldi, tutti noi dovremmo considerare il fattore tempo, e in questo senso possiamo notare che la vita di un investimento si compone di due fasi:

- La fase di impianto, cioè quella fase in cui i flussi monetari sono negativi;

- La fase di esercizio, cioè quella fase in cui si iniziano a produrre i profitti.

Quindi, l'investimento andrebbe considerato e valutato sotto il profilo economico e sotto il profilo finanziario.

Il profilo economico prevede la determinazione di un indicatore, in grado di esprimere la valutazione dell'investimento, i flussi di cassa e il costo del capitale.

Il profilo finanziario prevede la compatibilità dei flussi dell'investimento con le entrate e le uscite.

Affinché una valutazione sia valida, deve rispettare tre componenti:

- La dimensione dei flussi monetari, poiché un investimento risulta vantaggioso solo se la somma dei flussi di cassa è superiore;

- La distribuzione temporale dei flussi, poiché si possono verificare condizioni per le quali due flussi di cassa risultino uguali ma con tempi diversi;

- Il valore finanziario del tempo, poiché qualsiasi cambiamento nei flussi di cassa nel tempo comporta il sostenimento di un costo o di un profitto

Esistono diversi criteri per la valutazione degli investimenti e per il loro uso:

- Il tasso di redditività media contabile, cioè il rapporto tra la redditività media e l'ammontare dell'investimento;

- Il periodo di recupero, cioè il rapporto tra l'esborso iniziale e il valore reddituale. Non è proprio un criterio valido, poiché non rilascia informazioni riguardo la redditività degli investimenti, non considera i flussi generati nei periodi successivi e fornisce indicazioni solo sul fattore di rischio;

- Il risultato economico attualizzato, cioè la ricchezza generata da un investimento, come se fosse disponibile nell'immediato.

- Il tasso interno di rendimento cioè un tasso identico, sia per i flussi positivi che per quelli negativi. Può rappresentare sia il costo massimo che un investimento è disposto a sopportare, sia il rendimento lordo di un investimento;

- L'indice di rendimento attualizzato, cioè il rapporto tra il valore attuale dei flussi positivi e il flusso iniziale;

- Inoltre, la valutazione degli investimenti può essere diretta o indiretta. Quella diretta si basa sui moltiplicatori di borsa. Quella indiretta, invece, si basa sul metodo reddituale o finanziario. L'analisi e la valutazione di un investimento sarà sempre un momento molto importante per generare profitti futuri e soddisfare gli obiettivi prefissati.

CAPITOLO XXI
Diversificare

Diversificare consiste nell'investire in più strumenti finanziari, che sono differenziati per settori e paesi diversi. L'obiettivo della diversificazione è quella di ridurre il rischio. Infatti, concentrare le nostre risorse su pochi investimenti non è mai una buona idea.

Ovviamente, investire significa rischiare, ma bisogna cercare di avere il migliore portafoglio possibile per suddividere i nostri risparmi e i nostri investimenti.

Più il risultato sarà legato a fattori che non si possono prevedere, più l'investimento sarà rischioso.

Esistono diversi tipi di rischio:

- Rischio di credito, quando l'investimento non può soddisfare i propri obblighi di pagamento;

- Rischio di mercato, quando l'andamento del prezzo subisce delle variazioni;

- Rischio di cambio, quando le variazioni dei tassi di cambio portano ad una svalutazione del valore;

- Rischio di liquidità, quando si hanno difficoltà nel rivendere sul mercato i titoli in determinati tempi stabiliti;

- Rischio di prezzo, quando il valore degli investimenti è in continua oscillazione;

- Rischio d'interesse, quando le variazioni dei tassi influenzano negativamente il valore degli investimenti.

Per ridurre i rischi possiamo diversificare gli investimenti in:

- Obbligazioni;

- Azioni;

- Immobili;

- Conto deposito;

- Buoni fruttiferi postali;

- Fondi di investimento;

- Oro, diamanti, quadri, auto;

- Polizze vita.

La tecnica della diversificazione è diventata fondamentale per chi investe, visto e considerato che aumenta la probabilità di poter avere un flusso costante di reddito.

Per cercare e mantenere un portafoglio diversificato, si usano tre tecniche di gestione:

- Strategia basata su investimenti a medio lungo termine;

- Tattica basata su investimenti a breve termine;

- Dinamica basata su investimenti a breve termine.

Inoltre, andrebbero seguite alcune regole. La prima consiste nella diversificazione minima di portafoglio, cioè selezionare alcune classi di investimento che si muovono in maniera diversa tra di loro, in modo tale che, se una si dovesse trovare al ribasso, ci sarà sempre un'altra a compensare al rialzo, e tutto ciò ridurrà di molto il rischio.

La seconda regola consiste nel diversificare ogni classe di investimenti in alcune sotto categorie.

La terza regola consiste nel trovare un modo per diluire, nel tempo, i vantaggi della diversificazione e nel valutarne i costi.

Bisogna cercare di diversificare in modo intelligente er avere successo e per raggiungere tutti gli obiettivi finanziari prefissati.

CAPITOLO XXII
Investimento sostenibile

Tutti gli investimenti che intendiamo realizzare devono riflettere chi siamo e cosa vogliamo ottenere. Quindi, ogni investimento è il frutto di scelte oculate, e dopo aver raccolto tutti i dati, si può dire che potrà essere addirittura personalizzato. Soltanto considerando le proprie esigenze, si potrà procedere organizzando i propri capitali e risparmi, effettuando l'investimento più giusto per ottenere il maggior profitto ed il minimo rischio.

I profitti che si possono avere da un investimento sostenibile sono uguali a quelli che si possono avere da investimenti convenzionali.

L'investimento sostenibile ha lo scopo di generare profitto mantenendo una condotta etica e, quindi, rispettando prima di tutto i nostri valori, e poi quelli degli altri.

L'investimento sostenibile deve rispettare tre parametri:

- Esclusione, cioè valutare, e quindi escludere tutte quelle attività che non sono consone e non rispecchiano valori etici;

- Integrazione, cioè intraprendere attività che hanno come scopo quello di rivolgersi all'ambiente ed al sociale, con il fine di trarne profitto;

- Impatto, cioè generare effetti in cui le azioni finanziarie possano generare positività a livello ambientale e sociale, e quindi creare profitto.

Questo tipo di investimento riguarda, per lo più, la generazione dei più giovani. Ovviamente, come per tutti gli altri tipi di investimenti, anche qui, lo scopo principale sarà quello di generare profitto.

Fino a poco tempo fa, l'investimento sostenibile era rivolto soprattutto ad una ristretta cerchia di persone, ma oggi, grazie alle trasformazioni e a quello che stiamo vivendo, è stata allargata la platea, attraendo tantissimi investitori.

Quindi, non si cerca solo di generare profitto, ma anche di creare un mondo migliore, andando ad agire attraverso il proprio investimento sull'impatto sociale ed ambientale.

CAPITOLO XXIII
Investimenti immobiliari

Gli investimenti immobiliari sono investimenti che riguardano i beni immobili.

Investire in un immobile significa acquistarlo per poi rivenderlo ad un prezzo maggiore dopo averlo ristrutturato, oppure darlo in affitto.

La logica è quella comune a tutti i tipi di investimenti, e cioè rischiare poco per ricavare il massimo guadagno. Per fare ciò, occorre acquistare l'immobile ad un prezzo vantaggioso, negoziare laddove sia possibile, valutare attentamente l'immobile e l'affare che andremo a fare, rivenderlo il prima possibile per generare un guadagno profittevole e ricominciare dall'inizio con suddetto ciclo.

Le operazioni immobiliari richiedono la presenza di più soggetti, e per ogni soggetto avremo una spesa relativa conseguente:

- Compratore;

- Venditore;

- Notaio;

- Banca;

- Agente immobiliare;

- Perito;

- Avvocato;

- Impresa di ristrutturazione.

Il rendimento di un investimento immobiliare è dato dal capitale impiegato e dalle spese sostenute.

Esistono due indici di misurazione:

- Il ROE, cioè il rapporto tra l'utile e il capitale proprio;

- Il ROI, cioè il rapporto tra l'utile e il capitale investito.

Per quanto riguarda, invece, il valore di mercato di un immobile, bisogna dividere le categorie di immobili, perché ogni categoria ha un valore diverso:

- A/1 cioè gli immobili signorili;

- A/2 cioè gli immobili civili;

- A/3 cioè gli immobili economici;

- A/4 cioè gli immobili popolari;

- A/5 cioè gli immobili ultra popolari.

Per determinare il valore di mercato degli immobili, si possono raggruppare insieme gli immobili venduti di una determinata zona ad un certo valore catastale, così si calcola il prezzo medio al metro quadro.

Un altro metodo di valutazione è il bordino immobiliare, ovvero considerare solo la media dei prezzi di vendita e applicare dei coefficienti di merito a seconda delle caratteristiche che possiede l'immobile.

I coefficienti di merito possono riguardare:

- Lo stato dell'immobile;

- Il piano;

- La luminosità;

- L'esposizione;

- La vista;

- L'anno di costruzione dell'edificio;

- Il riscaldamento.

Infine, altro metodo è l'OMI, cioè l'osservatorio del mercato immobiliare, oppure, più semplicemente, i portali immobiliari che sono alla portata di tutti in qualsiasi momento.

Le principali tipologie d'investimento immobiliare sono:

- La compravendita sul mercato libero, cioè acquistare un immobile sul mercato libero, rivalutarlo e rivenderlo. Si dice sul mercato libero perché l'immobile non segue una quotazione di mercato, e questo si verifica soprattutto quando un venditore è motivato a vendere subito le sue proprietà;

- Le aste immobiliari;

- Acquisto di un immobile per rendita;

- Fondi immobiliari, cioè recuperare capitale e investirlo in immobili di tipo residenziale, commerciale e ad uso ufficio.

Tutti gli investimenti immobiliari presentano diversi vantaggi e svantaggi.

Tra i vantaggi, possiamo annoverare:

- Mantenimento di un valore stabile, perché l'immobile è considerato un bene rifugio; anche se il mercato dovesse abbassarsi, l'immobile avrà sempre una sua domanda;

- Controllo dell'investimento, perché tutti gli immobili possono essere modificati con delle migliorie, facendo aumentare il valore e, di conseguenza, l'investimento stesso;

- Redditività alta in rapporto al rischio che si corre;

- Tassazione favorevole.

Tra gli svantaggi, possiamo annoverare:

- Alte spese all'entrata, poiché gli investimenti immobiliari richiedono delle spese accessorie inevitabili all'acquisto dell'immobile;

- Maggior impegno richiesto per portare a termine l'investimento e la necessità di elevate tempistiche;

- Capitale bloccato per mesi;

- Taglio minimo elevato, poiché l'investimento immobiliare richiede un capitale importante, e proprio per questo non è accessibile a tutti, ma solo ad alcuni.

Prima di fare un investimento immobiliare, sarebbe opportuno consultare una persona competente in materia che ci illustri, in modo dettagliato, un piano fattibile e personalizzato per procedere senza commettere troppi errori.

CAPITOLO XXIV
Investimenti in borsa

Gli investimenti nei mercati finanziari richiedono un dispendio di energie notevoli, oltre al rischio che si corre ed ad un'eventuale perdita che potrebbe derivare da questo tipo di investimento.

Tali investimenti richiedono una strategia basata su un intervallo di medio - lungo tempo che porta all'apertura e alla chiusura di determinate posizioni, a seconda del trend di mercato.

La difficoltà maggiore sta proprio nel prevedere eventuali cambiamenti che possono influenzare il mercato, e quindi l'investimento.

Al giorno d'oggi, comunque, è possibile fare operazioni di trading direttamente online.

Adottare una buona strategia d'investimento in borsa significa implementare la propria finanza personale.

Nella pratica, investire in borsa è molto semplice, soprattutto se si può realizzare tutto ciò anche in ambito familiare. Infatti, è necessario disporre di un PC, tablet o smartphone con connessione internet, iscriversi su una piattaforma, investire al rialzo o al ribasso, seguire il trend di mercato.

Inoltre, è possibile operare in borsa non solo sulle azioni, ma anche su altri strumenti finanziari, come, ad esempio, il Forex, le materie prime, le criptovalute.

Per investire in borsa da casa, bisogna ragionare su quello che si fa, concentrarsi il più possibile, considerando che investire in borsa non significa giocare, dedicare un tempo limitato e specifico per tali operazioni, evitare le distrazioni.

Investire da casa è un'attività sempre più comune e profittevole. Inoltre, al giorno d'oggi, è possibile operare in assoluta sicurezza.

CAPITOLO XXV
Investimenti domestici

L'investimento domestico consiste nell'acquisto di beni utili per la casa, che distribuiscono gli utili in un lungo periodo, oppure nell'acquisto di beni che garantiscono minori costi fissi presenti e futuri, come, ad esempio, l'acquisto di elettrodomestici.

Ovviamente, anche in questo caso, gli acquisti devono essere fatti seguendo delle strategie valide, come, ad esempio, dilazionare il pagamento in più rate.

Questi tipi di investimenti comportano diversi vantaggi importanti, come:

- Il tempo, perché l'utile di questi beni va suddiviso in più anni, permettendo di recuperare l'investimento iniziale in poco tempo. Il reddito diminuisce, il beneficio aumenta;

- Agevolazione fiscale, perché l'acquisto di tali beni comporta la detrazione al momento della dichiarazione dei redditi, quindi è possibile recuperare la metà del prezzo pagato.

Tutti gli acquisti, in tema di investimento domestico, devono essere fatti pensando all'utilità e al beneficio che quel determinato prodotto potrà avere per noi e per i nostri familiari.

Quindi, tali investimenti andrebbero fatti nell'ottica di risparmiare denaro a lungo termine e di comprare qualcosa che possa funzionare per più tempo.

Un classico esempio di investimento domestico consiste nell'acquisto di un'automobile. Si tratta di un bene di prima necessità perché ci permette di raggiungere velocemente il posto di lavoro, il supermercato, un viaggio. Questo investimento, però, incide anche sui costi fissi, perché con l'acquisto di un auto si avranno tante spese accessorie collegate ad essa. Un altro esempio, in tema di investimenti domestici, è l'acquisto di elettrodomestici. Infatti, specialmente quelli di ultima generazione, permettono agli utenti di risparmiare sul costo delle bollette, poiché la quantità di energia, gas e acqua consumata sono inferiori.

Concetto essenziale ed importante di un investimento domestico è quello di essere dei consumatori attenti, domandarsi sempre se quella cosa ci serve per davvero, sé è possibile rimandare l'acquisto, sé è possibile trovare un'alternativa più economica.

Una cosa importante che va specificata è che il consulente finanziario non gestisce direttamente i nostri risparmi, o meglio, non per mano sua. Noi manteniamo il nostro patrimonio presso la nostra banca di fiducia, e con il solo supporto del consulente avremo una visione chiara sui nostri investimenti e operazioni di vario genere. Una volta che saranno messi in atto i giusti consigli, i nostri risparmi si trasformeranno in investimenti produttivi per la sicurezza personale e della nostra famiglia.

CAPITOLO XXVI
Investire in materie prime

Investire nelle materie prime è sempre stata una tattica intellettuale e conveniente.

Le materie prime sono l'insieme di prodotti e materiali che vengono usate per produrre altri tipi di beni. Tra le materie prime più usate dagli investitori, ci sono il petrolio, l'oro e l'argento, ma esistono anche tante altre opportunità, come i metalli, i prodotti agricoli e gli idrocarburi.

Per investire nelle materie prime, possiamo avvalerci delle varie piattaforme presenti. Per chi vuole investire ottenendo il massimo profitto, sicuramente, dovremo rivolgerci a piattaforme che non richiedono il pagamento di commissioni e che non hanno nessun costo fisso.

Chi investe in materie prime, guadagna sia quando il prezzo scende che quando sale.

Qualora il prezzo sia destinato a salire, ci troviamo nella situazione di poter comprare la materia prima.

Qualora il prezzo sia destinato a scendere, ci troviamo nella situazione di poter vendere la materia prima. In questo caso, si parlerà di vendita allo scoperto, e quindi di un'operazione puramente speculativa, che genera profitti nel momento in cui il valore del titolo scende.

Tra le materie prime più usate, troviamo sicuramente l'oro, considerato un bene di rifugio. Il suo valore sale nei momenti di crisi ed è stabile nei momenti di crescita. È possibile comprare oro fisico, oppure usare strumenti finanziari. Il primo presenta numerosi svantaggi; l'unico vantaggio potrebbe essere quello di creare una riserva di valore a lungo termine. In entrambi i casi, dobbiamo sempre verificare le notizie economiche a livello mondiale relative a questo strumento finanziario. Questo perché l'oro è considerato una risorsa così preziosa e sempre più scarsa che il suo prezzo è in continua oscillazione.

Un'altra materia prima importante è il petrolio, e soprattutto negli ultimi tempi questo mercato si è rivelato piuttosto volatile con una tendenza al ribasso. Questo ha permesso agli investitori di speculare al ribasso ottenendo dei profitti elevati.

Quando si vuole investire nel petrolio, bisogna ricordare che le sue quotazioni sono ripartite su diversi asset. Sicuramente, essendo il mercato vacillante, si potrebbero creare delle situazioni di incertezza economia, soprattutto nella prima fase dell'investimento.

Il petrolio non risente del fenomeno dell'inflazione.

Anche l'argento, nell'ultimo periodo, si è dimostrato essere un mercato efficiente, in particolare per tutti quegli investitori più piccoli, i quali lo considerano un investimento sicuro.

Tra le caratteristiche più apprezzate, c'è la sua capacità di non attrarre batteri ed essere malleabile, per cui è molto apprezzato in diversi campi, non solo quello finanziario ed economico. Viene considerato sia un bene rifugio che un bene soggetto alle oscillazioni di mercato, quindi alla speculazione. Anche se nell'ultimo tempo il mercato dell'argento si è molto deprezzato.

Stesso discorso vale per il rame. Nonostante presenti varie caratteristiche per un ottimo investimento, è considerato un settore ancora poco vantaggioso o comunque non tanto vantaggioso quanto l'oro. Oggi, però, c'è molta richiesta, in particolare in quei paesi dove le industrie necessitano di continui rifornimenti.

In conclusione, investire in queste materie prime è molto semplice, e porta ad avere un notevole profitto nel lungo termine. Investire in materie prime, quasi sempre, non consiste nell'acquistare la materia fisica,ma negoziarla attraverso contratti nei mercati più conosciuti.

Ciò rende la materia prima un investimento ambito e, il più delle volte, profittevole.

CAPITOLO XXVII
La finanza comportamentale

La finanza comportamentale è importante per l'investitore. Conoscere bene se stessi è fondamentale quanto conoscere i mercati in cui si investe. Ecco perché c'è una forte relazione tra questi due termini. La più giusta pianificazione patrimoniale può essere rovinata dalle emozioni che nascono nei momenti più difficili.

La finanza comportamentale cerca di comprendere come siano fatte davvero le persone, e tenta di cogliere l'influenza che la nostra natura ha sull'investimento stesso.

Quando ci accingiamo a fare un investimento, ci troveremo a dover affrontare diverse emozioni quali:

- Angoscia;

- Euforia;

- Paura;

- Invidia;

- Incomprensione;

- Impazienza.

Tutte queste emozioni sono normali per un investitore. Tuttavia, sono da considerarsi nocive perché appartengono a momenti transitori, relativi a certi investimenti, e negano il vero senso di come andrebbe organizzato un portafoglio diversificato.

Il momento di successi o di fallimento di un investimento non dovrebbe mai avere un impatto sul proprio benessere.

Lo studio della finanza comportamentale serve proprio a comprendere tutti quegli errori che nascono dai nostri comportamenti, e a cercare di migliorarli.

Nel campo degli investimenti, capita di concentrare un ragionamento su premesse sbagliate, quindi, di conseguenza, si potrebbe arrivare a conclusioni del tutto affrettate e fuori luogo.

La cosa più importante è che l'investitore cerchi di lavorare sempre sui propri punti di debolezza.

CAPITOLO XXVIII
Pensioni e previdenza

La normativa che regola la pensione è sottoposta a continue riforme, provocando una situazione di costante incertezza sulla possibile età pensionabile ed una diminuzione del trattamento pubblico previdenziale.

Oggi, la speranza di vita, sia degli uomini che delle donne, si è notevolmente allungata, portando, quindi, anche ad allungare il periodo di erogazione delle pensioni.

Anche se, ormai, escono dal mercato del lavoro molte più persone rispetto a quelle che, invece, si apprestano a trovare un lavoro, per cui si creano delle situazioni insostenibili riguardo la riforma previdenziale.

Alla luce di tutto ciò, pensare ad una pensione privata ed integrativa su misura può essere un ottimo investimento, soprattutto a lungo termine. Infatti, una rendita pensionistica obbligatoria, e maturata con gli anni di versamento del contribuente, non sarà mai sufficiente a mantenere un tenore di vita adeguato.

In particolar modo, le nuove generazioni percepiranno pensioni minime, molto inferiori rispetto a quelli che sono andati in pensione dieci anni fa, e molto inferiori rispetto alla loro ultima retribuzione.

Quindi, la soluzione più intelligente da adottare è quella di sottoscrivere un piano di risparmio assicurativo che preveda l'erogazione di una rendita a vita.

Questo tipo di investimento dovrà essere quanto meno pensato il prima possibile. Inoltre, minore sarà l' età del contraente nel momento in cui decide di iniziare ad accantonare il capitale, e minore sarà il versamento annuale richiesto per portare a termine il piano previdenziale.

Esistono vari prodotti assicurativi che hanno dei piani di accantonamento di questo genere, e rientrano nella categoria detta di prodotti vita.

Qui, l' importo da versare potrà essere scelto e deciso con un proprio consulente di fiducia, e si potrà beneficiare della rivalutazione del capitale stesso attraverso gli investimenti adottati dalle compagnie assicurative che, di solito, si basano sui rendimenti a gestione separata, ovvero garantendo una stabilità dei rendimenti a zero perdite.

Le rendite possono essere:

- Costanti, quando hanno un coefficiente bloccato e assicurano una rendita su una cifra prestabilita e bloccata;

- Rivalutabili, quando possono essere rivalutate sulla base degli andamenti di mercato nel corso degli anni;

- Reversibili, quando possono essere riservate ad altri beneficiari indicati al momento della stipula del contratto;

- Controassicurate, quando oltre al pagamento del vitalizio in vita garantiscono, anche alla morte, un capitale residuo dato dalla differenza positiva tra il montante maturato e le rate di rendite corrisposte in precedenza.

Esistono anche piani che possono essere detratti fiscalmente, e questo è il caso soprattutto di giovani persone che vogliono iniziare subito un piano di accantonamento.

Investire in previdenza significa costruire un piccolo tesoro, anno dopo anno, con un investimento a basso rischio e con sistemi protettivi che garantiscano di raggiungere i propri scopi, riducendone al massimo gli imprevisti che potrebbero verificarsi.

Infatti, le polizze assicurative garantiscono proprio questo.

Le forme pensionistiche complementari possono essere:

- Individuali, quando riguardano il singolo lavoratore e sono, per lo più, polizze assicurative con scopi previdenziali;

- Collettive, quando riguardano un gruppo di lavoratori e sono per lo più, fondi di pensione preesistenti.

Ovviamente, quando andremo ad investire in forme pensionistiche complementari, bisognerà rispettare alcuni parametri, tra i quali quelli di prudenza, che tengono conto dello scopo non speculativo e previdenziale dell'investimento.

Gli investimenti dovranno essere diversificati e potranno essere affidati ad operatori professionali, oppure essere gestiti direttamente dalle società.

CAPITOLO XXIX
ETF

Gli etf sono dei particolari fondi di investimento a gestione passiva, e quando si procede ad un acquisto di questo genere si acquista un paniere di titoli.

Lo scopo di un ETF è quello di replicare l'andamento di un certo indice o il prezzo di una certa asset class.

Quindi, per raggiungere questo scopo, i gestori di un ETF acquistano quote di titoli degli indici di riferimento, in quantità proporzionale rispetto alle risorse disponibili. In tal modo, il valore dell'investimento sarà lo stesso di quello replicato.

Quando si acquista un ETF, si sa già in quale tipo di prodotti verranno investiti i propri risparmi, poiché l' investimento andrà in porto grazie all' andamento dell'indice scelto.

Quando si decide di investire in un ETF, vanno considerati alcuni fattori tra cui:

- La liquidità;

- La strategia di replica, fisica o sintetica;

- Il costo;

- La valuta di riferimento;

- Il provider;

- Premio e sconto.

Gli ETF sono strumenti molto pratici e poco costosi, sono quotati in borsa, e le quote possono essere vendute o comprate in qualsiasi momento. Questo permette all'investitore molta flessibilità e tutte le garanzie che ci sono in un normale mercato regolamentato. Anche per quanto riguarda la diversificazione, questa risulta essere molto semplice, in quanto i costi di gestione di tali investimenti sono molto contenuti.

Tra i vari vantaggi di un investimento in ETF, possiamo citarne alcuni dei più importanti quali:

- La liquidità, poiché essendo strumenti quotati in borsa è molto facile comprare o vendere delle quote senza correre il rischio di perderne il valore;

- La versatilità, poiché anche l'investitore più piccolo può accedere a tale mercato senza la necessità di dover comprare tutti i titoli presenti nel paniere;

- L'efficienza, poiché basandosi su una gestione passiva rende questo tipo di investimento molto vantaggioso;

- Trasparenza, poiché si possono avere tutte le informazioni, e i dettagli dello strumento sotto tutti i punti di vista;

- Sicurezza, poiché il patrimonio investito in ETF resta separato da quello della società che ne cura la gestione e l'emissione;

- Strategia, poiché grazie agli ETF risulta semplice e conveniente elaborare strategie che sfruttino le tendenze di mercato.

Gli ETF vengono consigliati esclusivamente dai consulenti finanziari indipendenti. Sono una parte fissa dei portafogli dei fondi di pensione e assicurazioni.

Oggi la loro popolarità sta crescendo notevolmente, e anche i clienti dei broker online iniziano ad investire sempre di più in questi strumenti.

CAPITOLO XXX
Fondo investimento

Il fondo di un investimento è uno strumento finanziario che può essere paragonato ad un salvadanaio, dove all'interno troveremo le risorse di piccoli e grandi investitori e risparmiatori.

La gestione del fondo di investimento è data ad una società di gestione degli investimenti, il cui vantaggio è quello di offrire a tutti gli investitori una consulenza di investimenti professionali che, altrimenti, visto che hanno a disposizione un piccolo capitale e non hanno le giuste competenze per procedere, non potrebbero permetterselo.

Il gestore di un fondo investe in diverse attività, come liquidità, obbligazioni, azioni ed immobili.

La decisione su cosa investire dipende dall'obiettivo prefissato da tale operazione.

Il fondo di un investimento presenta diversi vantaggi tra cui:

- Fare leva sulle competenze tecniche del gestore del fondo;

- Rischio distribuito;

- È possibile accedere a investimenti che il singolo non potrebbe nemmeno visionare.

Anche in questo caso, però, il valore dell'investimento può diminuire o aumentare, e quindi l'investitore potrebbe guadagnare molto meno di quello che ha investito.

Nel caso in cui l'investitore si rivolge al fondo, riversa i suoi investimenti in tantissime aziende, quindi sarà molto meno legato a possibili successi o fallimenti di una singola azienda e riuscirà a creare un portafoglio davvero diversificato.

Il fondo di investimento può essere:

- Azionario, dove il rischio è molto ridotto e troveremo i fondi azionari rivolti alla crescita, il cui obiettivo è aumentare il capitale nel lungo termine, oppure i fondi orientati al reddito, il cui obiettivo è generare reddito per gli investitori;

- Obbligazionario, dove si ottiene più diversificazione e maggiore stabilità. Possono essere di diverso tipo e variano a seconda della tipologia di obbligazioni in cui si investe;

- Bilanciato tradizionale, dove troviamo un portafoglio statico formato da azioni, obbligazioni e liquidità;

- Asset al location, dove l'investimento è rivolto ai vari asset class che registrano performance positive in un dato momento;

- Monetario e di liquidità, dove l'investimento è a breve termine, con lo scopo di beneficiare di tassi d'interesse superiori, avendo la necessità di accedervi nel breve periodo;

- Immobiliare, dove il rischio è ripartito su più beni, i redditi sono regolari e c'è la possibilità di reinvestirli. Inoltre, questi fondi si suddividono, a loro volta, in fondi obbligazionari tradizionali che investono direttamente nel mattone, ma questi possono essere difficili da vendere ed, inoltre, il valore di un immobile dipende da un giudizio puramente soggettivo. Poi abbiamo i fondi di società immobiliari che investono in azioni di società che operano nel campo immobiliare. In questo caso, gli investitori guadagnano dal rialzo del titolo azionario.

Quando decidiamo di investire in un fondo, non dobbiamo trascurare gli oneri e le commissioni, perché entrambe possono incidere sul rendimento.

I fondi, presenti oggi sul mercato, consentono di valutarne la performance storica, anche se i risultati passati non sono in linea con quelli del presente e del futuro. Infatti, la performance storica ci aiuta a comprendere l'evolversi del fondo d'investimento e ci aiuta a fare delle previsioni a riguardo. Una buona performance è data anche dalla durata dell'incarico del gestore.

Infine, dobbiamo definire anche i fondi di investimento, detti Fidelity o classi di azioni. Qui, potremo scegliere quello che più fa al caso nostro.

CAPITOLO XXXI
Bitcoin

Il Bitcoin è una delle criptovalute più importanti che esistano.

Si tratta di una moneta bidirezionale, in quanto può essere convertita facilmente con le principali valute.

Molti investitori sono riusciti ad ottenere grossi guadagni con i Bitcoin, essendo uno strumento molto volatile, ma nello stesso tempo anche fragile e, quindi, rischioso.

In realtà, giocare con i Bitcoin non consiste in un vero e proprio investimento, ma più che altro in una speculazione che, seguendo gli andamenti della borsa, porta ad un'azione di puro azzardo. Per questo, occorre procedere con molto abilità, oltre ad avere una notevole copertura finanziaria che soccomba ad eventuali rischi.

Le monete Bitcoin vengono conservate all'interno di database condivisi e con sistemi avanzati di crittografia, rendendo possibile tracciare le transazioni, generare nuove monete, distribuirle ai proprietari ed effettuare transazioni.

Si basa su una tecnologia chiamata peer to peer, cioè può essere scambiata o acquistata direttamente tra due dispositivi, senza la necessità della presenza di un intermediario.

Sicuramente, la moneta Bitcoin è la più conosciuta, acquistata e venduta, perché si tratta delle monete più care e perforanti che abbiamo sul mercato,ma esistono anche altre monete virtuali molto interessanti.

Quelle più note sono:

- Ripple;

- Iota;

- Nem;

- Dash;

- Stellar;

- Litcoin;

- Cardano;

- Ethereum.

La fase più difficile, quando si a che fare con le criptovalute, è capire quando comprarle. Il metodo migliore è valutare e monitorare i momenti di ribasso e giocare d'azzardo, ricordandoci sempre che si tratta di monete virtuali il cui prezzo può cambiare da un momento all'altro.

CAPITOLO XXXII
ESG

Abbiamo già parlato, nei capitoli precedenti, di un investimento sostenibile, o meglio ancora di finanza sostenibile. Ora cerchiamo di approfondire tale argomento partendo da possibili investimenti in tal settore, e nella fattispecie negli ESG.

Un investimento sostenibile è tale se prende in considerazione non solo i fattori finanziari, ma anche le istanze ESG, e cioè ambiente, società, governance.

Quindi, ciò che si valuta è prima di tutto se il soggetto economico sul quale si vuole investire è dipendente dai combustibili fossili, se ha un'impronta idrica, se ha partecipato alla deforestazione e se smaltisce in modo corrette i rifiuti.

La dimensione sociale, invece, riguarda le condizioni lavorative dei dipendenti, e i fattori che incidono maggiormente sono eventuali conflitti tra le varie gerarchie, la sicurezza sui luoghi di lavoro, l'attenzione alla salute dei dipendenti, la tutela delle diversità ed i corretti rapporti interpersonali che si instaurano.

Infine, per quanto concerne la componente governante, occorre verificare se i dirigenti ottengano dei bonus sproporzionati rispetto al resto dei dipendenti, se l'impresa sia stata mai coinvolta in scandali corruttivi, se ha aperto delle filiali offshore per eludere il fisco.

Incorporare le istanze ESG nei propri investimenti può significare escludere alcuni settori ed evitare di violare i diritti dei lavoratori e i danni all'ambiente e al territorio.

Significa anche comprendere che, qualora si decidesse di investire in un altro soggetto, non bisogna valutare solo le sue performance finanziarie, perché se non sono stati rispettati determinati parametri, sicuramente, nel medio e lungo periodo, ne pagherà le conseguenze.

Come per tutti gli investimenti, anche qui ci troveremo di fronte a possibili vantaggi e svantaggi.

Tra i vantaggi, abbiamo:

- Gli investimenti ESG riescono a contenere i rischi e, quindi, ad avere un impatto positivo;

- Gli investimenti ESG hanno un livello di rischio/rendimento migliore rispetto agli investimenti tradizionali equivalenti;

- I criteri ESG sono indice di qualità.

Tra gli svantaggi, abbiamo:

- Il rendimento di un asset dipende dalla strategia di investimento scelta e dalla situazione del mercato di riferimento;

- Le strategie di investimento sostenibile hanno un rischio di errore maggiore, soprattutto se elaborate con criteri tradizionali.

In conclusione, possiamo dire che investire in un fondo ESG è una scelta comprensibile di un approccio responsabile da parte del risparmiatore. Occorre sempre fare delle considerazioni e valutare se questo strumento si adatti al profilo del cliente.

CAPITOLO XXXIII
La libertà finanziaria

La libertà finanziaria è una condizione economica secondo la quale percepisci redditi indipendentemente dal lavoro che svolgi ed in una quantità sufficiente a soddisfare lo stile di vita che più si desidera.

Per fare ciò, devi essere, prima di tutto, una persona dinamica e creativa.

Il concetto di libertà finanziaria, seppure legato a quello di ricchezza, è molto differente. Essere liberi finanziariamente significa non doversi preoccupare di come guadagnarsi i soldi per vivere.

Per capire meglio il concetto di libertà finanziaria, possiamo prendere, come esempio di studio, lo schema ideato da Robert Kiyosaki, secondo il quale esistono quattro quadranti, e più precisamente:

- Lavoratori autonomi;

- Lavoratori dipendenti;

- Proprietari d'impresa;

- Investitori.

Ognuno di noi si trova in una di queste condizioni; più si va alla destra del quadrante, più il livello di libertà finanziaria sarà elevato.

Appartenere al quadrante dei lavoratori dipendenti non appare un problema, come, invece, potrebbe essere vedendolo dall'esterno. Infatti, molti sono felici di lavorare alle dipendenze di altre persone e riescono ad ottenere anche tanti benefit per il lavoro svolto.

Il lavoratore autonomo, invece, è colui che si è rifiutato di lavorare alle dipendenze di un capo, ma vuole essere lui il capo di se stesso. Questa categoria appare molto più stressata rispetto a quella dei lavoratori dipendenti, seppur non debba sottostare a particolari vincoli e ad orari di lavoro. Il lavoratore autonomo cerca di organizzare liberamente il proprio lavoro, di scegliere i propri clienti e di prendere autonomamente le decisioni riguardo il lavoro stesso.

Per quanto riguarda i proprietari d'impresa, rispetto alle prime due categorie, si caratterizzano per il fatto che devono trovare soluzioni creative per crescere sul mondo del lavoro.

La loro massima soddisfazione consiste nel dover organizzare, in modo impeccabile, il sistema, così da non dover servire più in prima persona.

Sono liberi finanziariamente, ma per raggiungere un determinato livello finanziario sono portati a lavorare molte più ore rispetto ai laboratori dipendenti ed autonomi.

L'investitore è quella persona capace di fare soldi grazie ad altri soldi e rispettando le leggi di mercato.

Diventare, però, un investitore finanziariamente libero è complicato, poiché bisogna disporre di grosse somme di denaro, essere sempre al passo con i tempi.

Il passo da compiere per diventare un investitore è cambiare prima di tutto l'atteggiamento mentale, altrimenti ci si ritroverà sempre a svolgere altri lavori e, quindi, a far parte degli altri quadranti appena elencati.

Per ottenere la libertà finanziaria occorre, quindi, avere a propria disposizione alcune cifre di denaro, senza lavorare in modo attivo. Infatti, in caso contrario non si parlerà di libertà finanziaria, ma di fonte di reddito, e più precisamente la fonte di reddito attiva e quella passiva. Il segreto per raggiungere la libertà finanziaria si può esprimere con una semplice citazione: "riuscire ad ottenere un reddito da lavoro sufficiente che crea un reddito passivo che soddisfa e appaga lo stile di vita desiderato".

Nel momento in cui riusciremo a raggiungere questa equazione, allora sarà tutto in discesa.

CAPITOLO XXXIV
La finanza personale

La finanza personale è la capacità che permette di gestire il proprio patrimonio ed analizza, scrupolosamente, la propria situazione economica, in modo tale da mantenerla stabile o incrementarla.

Avere un bilancio personale che abbia memoria di tutte le nostre spese dà il vantaggio di avere sempre un'idea ben precisa della propria situazione economica nel presente, nel passato e nel futuro.

Sappiamo bene che senza soldi non si può far nulla, ma la cosa importante da tenere a mente è che non sono tanto importanti i soldi che guadagniamo nell'immediato, quanto il saper gestire correttamente le entrate e le uscite per pianificare il futuro. Non è importante solo quanto guadagniamo, ma come e quando lo facciamo. Infatti, nella finanza personale, una buona gestione sarà garantita da chi ha entrate costanti nel presente e nel futuro.

La gestione della finanza personale è importante non solo da un punto di vista reddituale, ma anche per un benessere generale.

Una vita agiata e tranquilla ci farà godere maggiormente i privilegi che abbiamo guadagnato, e così potremo dedicare più tempo alla nostra famiglia o ai nostri interessi.

La finanza personale prende in considerazione tutti quegli aspetti legati al denaro e alla gestione di entrate ed uscite del singolo individuo. È legata al concetto di educazione finanziaria, che andrà a servire da supporto e da strumento per gestire ed aumentare le proprie finanze personali. L'educazione finanziaria, infatti, serve proprio ad individuare tutte le varie strategie da adottare. La finanza personale è, invece, la nostra finanza domestica. Quindi, tratta dei soldi di ognuno di noi e di tutto ciò che è legato al nostro denaro.

Per garantire un benessere economico duraturo, è importante sapere gestire il budget in modo perfetto e, laddove fosse possibile, cercare di aumentarlo.

Lo scopo principale è individuare un piano economico e sociale di un determinato soggetto.

Questo piano ci deve dare una panoramica della situazione attuale, ma anche la possibilità di fare delle stime sulla condizione finanziaria futura nel breve, medio o lungo periodo.

Avere una situazione precisa è molto importante, perché solo così si potranno individuare eventuali errori nella gestione del proprio budget, e solo così sarà possibile modificare la propria strategia d'investimento.

La gestione della finanza personale richiede anche una riduzione dei consumi, soprattutto dei beni non di prima necessità, proprio per ottimizzare il reddito.

Una valida strategia finanziaria può essere divisa in tre punti. Ogni fase deve ridurre al minimo il rischio legato alle operazioni previste dalla fase stessa ed, inoltre, deve essere adeguata alle proprie esigenze e obiettivi.

Alcuni soggetti possono disporre di un capitale alto, dovuto ad una buona situazione economica familiare, mentre altri partono da un capitale molto più basso.

Ovviamente, i primi potranno fare degli investimenti più alti con una probabilità si ritorno del capitale più alta. Gli altri, invece, dovranno scegliere se aumentare il rischio negli investimenti e dilazionare nel tempo il ritorno di capitale.

I tre punti saliente della gestione delle finanze personali sono:

- Analisi del capitale, cioè avere un quadro chiaro della propria situazione economica;

- Incremento delle entrate cioè diversificarle, costruire un sistema che genera reddito, investire e risparmiare;

- Gestione del capitale.

Una sana e corretta gestione della finanza personale dovrebbe cercare di mantenere un equilibrio tra entrate ed uscite, ovvero, non serve a nulla guadagnare tanto se poi le uscite saranno tantissime e, quasi sicuramente, andremo in perdita facendo debiti. Il saldo deve essere sempre positivo.

Bisogna adottare delle strategie per fare crescere prima di tutto i nostri risparmi, e quindi aumentare la nostra finanza personale.

Ricordiamoci sempre che gli interessi generano interessi di anno in anno, quindi sarebbe opportuno iniziare da subito a risparmiare e non aspettare, magari, quel lavoro che ci darà una retribuzione maggiore tale da poter accantonare una quota.

CAPITOLO XXXV
La finanza sociale

Nel corso della nostra vita non siamo mai soli. Tutti noi, infatti, possiamo contare su una famiglia alle spalle, sui propri genitori, amici, colleghi, tutte persone che in qualche modo possono allargare il concetto di finanza personale. In questo senso, occorre implementare piani finanziari differenti, ciascuno personalizzato in base alle proprie esigenze.

Portare avanti un progetto finanziario sociale è uno dei metodi che più sta influenzando il mercato attuale. Molte persone, infatti, dopo la crisi economica che ha coinvolto tutto il mondo, hanno iniziato a collaborare insieme per il raggiungimento di obiettivi, per acquistare beni e prodotti e ridistribuire gli utili su più persone o famiglie.

La finanza personale si basa prevalentemente sul benessere individuale, invece, la finanza sociale cerca di soddisfare lo stesso bisogno appartenente a più categorie di soggetti, usando lo stesso piano finanziario.

È importante, in questo ambito, come in tutti gli altri, saper suddividere correttamente i costi, perché questo andrà ad incidere maggiormente sulla possibilità di raggiungere gli obiettivi prefissati.

La finanza sociale cerca di assegnare, distribuire, allocare le risorse finanziarie, e si ispira principalmente ad una valutazione di natura etica e morale. Nella finanza sociale, il guadagno è fisiologico ed indispensabile.

Nella finanza tradizionale, ciò che conta è il rendimento che si ottiene dagli investimenti finanziari.

Nella finanza sociale, viene anche considerato l'uso finale del finanziamento e i benefici sociali che ne derivano dall'investimento. Nell'analisi dei costi e dei benefici di un investimento etico sono valorizzati sia gli aspetti positivi che gli aspetti negativi.

Nel 1998 è stato creato anche un manifesto della finanza sociale, o anche detta etica, secondo cui si afferma che:

- Il credito è un diritto umano;

- L'efficienza è una responsabilità etica;

- Non è legittimo l'arricchimento basato solo sul possesso e sul denaro;

- È trasparente;

- Prevede la partecipazione di più soggetti;

- Ha come punti di riferimento la responsabilità sociale ed ambientale;

- Richiede un'adesione globale.

L'investitore etico è disposto ad accettare un rendimento inferiore, a costo che vengano rispettati gli interessi economici con quelli etici.

EPILOGO

Con questo libro, cerchiamo di capire come raggiungere tutti gli obiettivi prefissati, fare delle rinunce per incrementare il proprio patrimonio, avere un portafoglio sempre ben diversificato, il tutto addentrandoci nel mondo della finanza, come se fossimo dei grandi professionisti del settore.

È importante cercare di trovare il giusto equilibrio per il presente, ma anche per il futuro, poiché la cosa più importante è quella di riuscire a pianificare il proprio futuro e avere sempre a disposizione un piano di riserva.

Quello che possiamo consigliare è di studiare e di procedere con cautela, dopo avere fatto le giuste ed adeguate considerazioni.

Quindi, potremo procedere nell'individuare quale percorso intraprendere e la durata di quest'ultimo.

Ogni tipo di investimento che sceglieremo genererà profitti.

Ciò che potremo controllare, quando ci appresteremo ad investire, sarà il rischio.

Per questo, occorre sempre leggere, documentarci, confrontare i rendimenti dei vari titoli che abbiamo nel portafoglio, cambiare banca o promotore finanziario, diversificare il più possibile

Solo in questo modo, potremo sentirci dei veri professionisti e avere in mano le sorti del nostro futuro finanziario.